创新创业经营决策模拟教程

张 燕 主编
孙 燕 徐慧亮 施乾信 副主编

东南大学出版社
SOUTHEAST UNIVERSITY PRESS
·南京·

图书在版编目（CIP）数据

创新创业经营决策模拟教程/张燕主编. —南京：东南大学出版社，2016.12（2021.7重印）
 ISBN 978-7-5641-6865-0

Ⅰ.①创⋯ Ⅱ.①张⋯ Ⅲ.①企业经营管理-经营决策-教材 Ⅳ.①F272.31

中国版本图书馆CIP数据核字（2016）第293183号

创新创业经营决策模拟教程

出版发行	东南大学出版社
出 版 人	江建中
责任编辑	史建农
社　　址	南京市四牌楼2号
邮　　编	210096
网　　址	http://www.seupress.com
经　　销	各地新华书店
印　　刷	南京京新印刷有限公司
开　　本	787 mm×1092 mm　1/16
印　　张	11.25
字　　数	280千字
版　　次	2016年12月第1版
印　　次	2021年7月第2次印刷
书　　号	ISBN 978-7-5641-6865-0
定　　价	32.00元

* 本社图书若有印装质量问题，请直接与营销部联系，电话：025-83791830。

目　　录

第一章　商科专业模拟教学现状及应用 ………………………………………… 1
　1.1　模拟与计算机模拟 …………………………………………………………… 1
　　1.1.1　模拟的定义与特点 ……………………………………………………… 1
　　1.1.2　计算机模拟 ……………………………………………………………… 2
　　1.1.3　计算机模拟在经济领域的应用 ………………………………………… 2
　1.2　Excel在计算机模拟中的应用 ………………………………………………… 3
　　1.2.1　Excel产生随机数 ………………………………………………………… 3
　　1.2.2　用Excel进行模拟 ………………………………………………………… 4
　1.3　商科专业模拟教学 …………………………………………………………… 9
　　1.3.1　模拟教学的概念 ………………………………………………………… 9
　　1.3.2　几种主要的模拟教学软件分析 ………………………………………… 10
　　1.3.3　模拟教学在商科专业教学中的价值 …………………………………… 11

第二章　经营决策模拟中的相关理论基础 …………………………………… 13
　2.1　战略与战略管理 ……………………………………………………………… 13
　　2.1.1　稳定型战略 ……………………………………………………………… 13
　　2.1.2　增长型战略 ……………………………………………………………… 13
　　2.1.3　防御战略 ………………………………………………………………… 14
　　2.1.4　三种基本的竞争战略 …………………………………………………… 14
　2.2　市场预测与定价 ……………………………………………………………… 15
　　2.2.1　市场预测 ………………………………………………………………… 15
　　2.2.2　用Excel进行优化 ………………………………………………………… 21
　　2.2.3　产品定价方法与策略 …………………………………………………… 22
　2.3　生产管理决策 ………………………………………………………………… 25
　　2.3.1　生产运作管理 …………………………………………………………… 25
　　2.3.2　生产能力与生产安排策略 ……………………………………………… 25
　　2.3.3　经济订货量模型 ………………………………………………………… 26
　2.4　财务决策与分析 ……………………………………………………………… 27
　　2.4.1　财务决策 ………………………………………………………………… 27
　　2.4.2　财务指标的选择 ………………………………………………………… 28

2.4.3 财务分析指标 …………………………………………………… 29
　　2.4.4 综合性财务分析方法 ……………………………………………… 35
第三章　经营决策中的博弈理论 ………………………………………………… 39
　3.1 博弈论的概念和发展 ……………………………………………………… 39
　3.2 博弈的基本概念 …………………………………………………………… 39
　3.3 典型的博弈案例 …………………………………………………………… 41
　　3.3.1 尼姆游戏 …………………………………………………………… 41
　　3.3.2 电影中的约翰·纳什问题 ………………………………………… 42
　　3.3.3 囚徒困境博弈(Prisoners' dilemma) ………………………… 43
　　3.3.4 "智猪博弈"(Pigs' payoffs) ……………………………………… 43
　　3.3.5 博弈对于经营决策的启示 ………………………………………… 46
　3.4 生活中的博弈 ……………………………………………………………… 46
第四章　团队组建游戏 …………………………………………………………… 48
　4.1 管理游戏在经营决策模拟中的应用 …………………………………… 48
　4.2 破冰游戏 …………………………………………………………………… 49
　　4.2.1 大树与松鼠 ………………………………………………………… 49
　　4.2.2 瞎子走路 …………………………………………………………… 49
　4.3 团队对抗游戏 ……………………………………………………………… 49
　　4.3.1 记忆考验 …………………………………………………………… 49
　　4.3.2 踩报纸 ……………………………………………………………… 50
　　4.3.3 踢足球 ……………………………………………………………… 50
第五章　企业竞争模拟 …………………………………………………………… 51
　5.1 关于 Bizsim ……………………………………………………………… 51
　5.2 基本操作 …………………………………………………………………… 51
　　5.2.1 注册登录 …………………………………………………………… 51
　　5.2.2 参加比赛 …………………………………………………………… 52
　　5.2.3 模拟操作 …………………………………………………………… 55
　5.3 制定决策 …………………………………………………………………… 57
　　5.3.1 新手模式和专家模式 ……………………………………………… 57
　　5.3.2 查看结果 …………………………………………………………… 59
　5.4 管理员操作 ………………………………………………………………… 60
　　5.4.1 创建比赛 …………………………………………………………… 60
　　5.4.2 比赛管理 …………………………………………………………… 62
　　5.4.3 决策模拟 …………………………………………………………… 63
　　5.4.4 点评工具 …………………………………………………………… 64
第六章　ERP 物理沙盘模拟 ……………………………………………………… 65
　6.1 ERP 物理沙盘模拟介绍 …………………………………………………… 65
　　6.1.1 ERP 沙盘 …………………………………………………………… 65

6.1.2　ERP沙盘实训内容及意义 ……………………………………………… 65
　　6.1.3　角色分配及团队的组建 ………………………………………………… 67
6.2　ERP沙盘课程特色 …………………………………………………………… 68
6.3　ERP物理沙盘实训 …………………………………………………………… 68
　　6.3.1　EEP沙盘教具 …………………………………………………………… 68
　　6.3.2　基本情况描述 …………………………………………………………… 70
　　6.3.3　初始状态的设定 ………………………………………………………… 70
　　6.3.4　企业财务状况 …………………………………………………………… 74
　　6.3.5　企业运营规则 …………………………………………………………… 74
　　6.3.6　教学年 …………………………………………………………………… 78
　　6.3.7　企业经营 ………………………………………………………………… 83

第七章　ERP电子沙盘模拟 ……………………………………………………… 87
7.1　"创业者实践平台"介绍 …………………………………………………… 87
7.2　"创业者"系统组成 ………………………………………………………… 87
7.3　经营规则与过程 ……………………………………………………………… 88
7.4　账务处理 ……………………………………………………………………… 103
7.5　点评企业经营 ………………………………………………………………… 107
　　7.5.1　企业经营本质 …………………………………………………………… 107
　　7.5.2　企业基本业务流程 ……………………………………………………… 109
　　7.5.3　如何管理资金——现金为王 …………………………………………… 111
　　7.5.4　用数字说话——找出不赚钱的原因 …………………………………… 112
　　7.5.5　战略——谋定而后动 …………………………………………………… 114
　　7.5.6　财务分析 ………………………………………………………………… 116
　　7.5.7　岗位评价 ………………………………………………………………… 116

第八章　主要的经营决策模拟比赛介绍 ………………………………………… 118
8.1　全国高等院校与MBA培养院校企业竞争模拟大赛 ……………………… 118
8.2　"用友"ERP企业沙盘对抗大赛 …………………………………………… 118
8.3　GMC国际企业管理挑战赛 ………………………………………………… 119
8.4　"欧莱雅"校园市场策划大赛 L'Oreal Brandstorm ……………………… 121

附录一：Excel常用统计函数 ……………………………………………………… 122
附录二：ERP沙盘企业经营过程记录表 ………………………………………… 139
参考文献 …………………………………………………………………………… 172

第一章 商科专业模拟教学现状及应用

1.1 模拟与计算机模拟

1.1.1 模拟的定义与特点

在给模拟下一个定义以前,先让我们一起看一下有关模拟的例子。比如,要设计一个新型的飞机、潜水器等,设计师一般不是按图纸直接制造出产品,因为那样做很容易造成人员伤亡和财产损失,风险太大。通常,设计师会先制造一个形状一样但体积很小的飞机或者潜水器模型,在风洞(可以调节出不同的风速和气流的复杂变化)实验室或水洞实验室里观察模型的状态。风洞实验和水洞实验的理论依据是运动相对性原理和流动相似性原理。根据相对性原理,飞机在静止空气中飞行所受到的空气动力,与飞机静止不动、空气以同样的速度反方向吹来,两者的作用是一样的。但飞机迎风面积比较大,如机翼翼展小的几米、十几米,大的几十米(波音747是60米)。使迎风面积如此大的气流以相当于飞行的速度吹过来,其动力消耗将是惊人的。根据相似性原理,可以将飞机做成几何相似的小尺度模型,只要保持某些相似参数一致,试验的气流速度在一定范围内也可以低于飞行速度,并可以根据试验结果推算出真实飞行时作用于飞机的空气动力。

模拟具有以下几个特点:

1. 模拟对象的复杂性

在风洞实验中,飞机在高空飞行遇到各种气流变化时,飞机的状态和性能会产生什么样的变化,这是设计师说不清楚的,有些情况甚至是想象不到的。假如设计师能通过某一个公式把飞机的各种状况准确地计算出来,而且计算也不复杂,他也就不会再费力做模拟试验了。

2. 模拟系统与模拟对象的相像性

在风洞里做试验的飞机模型与实际设计的飞机原型要尽量相像,飞机的机身与机翼的尺寸比例、飞机的比重等要与飞机原型相同。风洞中的气流变化也要与实际的高空气流变化尽可能相像,甚至包括飞机模型的表面材料也要尽量一致。但是,飞机模型里面不一定要有机舱座位等,因为它们不与外界气流直接接触。因此,模拟系统是模拟对象那个复杂系统的近似或抽象,它要能反映原系统中重要的本质性的特征。

当然,这里所说的"本质"依赖于模拟的目的。比如,同样是一个新型的飞机,要试验旅客座位的舒适性和安全性,就必须制造出几排座位,用机械产生升空、降落和颠簸的状况,以观测旅客的感觉。如果没有人身安全问题,可能直接由志愿者参加试验,因为"飞机"根本不升空,甚至可能连翅膀都没有。

3. 模拟系统的可控性

模拟系统比原系统要简单,这是显而易见的。但是,模拟系统不仅是简单,它应该具有可控性。比如,风洞实验室应该能按试验人员的意愿产生不同方向和大小的气流,这可以让设计师观察到各种复杂的情况下飞机的性能。有些情况可能是在实际中很难遇到的,比如,观察飞机在一个机翼失灵时的状况。

4. 模拟试验的可重复性

模拟试验是科学的,其观察结果是稳定的,虽然可能存在微小的随机误差。基于此性质,人们可以从多次试验结果分析出客观事物存在的规律性。在以上所说的飞机试验模拟中,人们也可以通过不断地调整设计的参数,改进飞机的性能。

1.1.2　计算机模拟

与用风洞实验室进行飞机的试验设计不同,计算机模拟所用的模拟系统是利用计算机程序实现的,它不是用有形的风洞和飞机模型。现在人们通常说的计算机模拟是用计算机软件实现的。

在具体讨论计算机模拟以前,先介绍一个掷硬币的游戏。掷硬币游戏的规则如下:在每次掷硬币(均匀的)以前,游戏参加者要付1元钱,连续掷硬币,不得中间退出,直到累计出现的正面与反面次数之差的绝对值等于3为止。游戏参加者在结束时可以得到10元。

这看来是一个小孩玩的游戏,或者是一个赌博问题,而实际是经营管理中大量遇到的风险投资问题的抽象。喜好数学的朋友首先可能想到这是一个求期望的问题,可以写出公式算一算。但真的写公式时会发现其复杂性令人生畏。如果让人进行真实的掷硬币游戏,一个人要掷一天硬币,除了胳膊疼、心里烦以外,时间的成本也是应该考虑的。

在有了计算机以后,人们会想到:能否让计算机去做上面的模拟实验呢?所谓"掷硬币",就是要求计算机能像实际掷硬币似地决定"出正面"或"出反面",并体现硬币的均匀性和随机性。具体结果见表1.1所示。

表1.1　投资模拟的运行结果

模拟次数	100	1000	10000	100000	1000000	10000000
平均收益	2.080000	1.442000	0.997200	0.990440	0.995088	0.998228

面对多次运行的不同结果,如何做出正确的判断是计算机模拟中经常遇到的一个问题。以下三点是应该注意的:

(1) 不要期望结果十分相近,像上面那样的结果是很正常的。

(2) 一般说来,运行次数多的更可靠一些。运行次数与统计学里的抽样样本的大小是一致的。

(3) 对于同样的运行次数,还可以用变换随机数种子的办法运行多次,再求出均值和方差,得到点估计和与置信度相应的区间估计。

1.1.3　计算机模拟在经济领域的应用

计算机模拟在经济领域的应用主要有如下一些。

模拟国家宏观经济运行,以观察各种政策的变化对主要经济变量带来的影响。

模拟不同的人口政策对中国长期的人口、经济、家庭、社会等方面带来的影响。

模拟草原牧区的草场、牲畜在不同的决策下(草场经营方式、存栏量、出栏策略、疾病防治措施、畜牧建设投资策略等)的状态变化。

模拟一个生态系统(比如鱼群,它的生殖及死亡率与鱼群密度有关,也与其饵料的状况有关),观察不同的政策(捕捞、保护等)对该生态系统带来的影响。

模拟银行的顾客服务系统,根据顾客到达的统计规律和服务时间的分布,确定银行的服务窗口设置和不同时间开放的数量。

模拟航空公司的售票系统,根据不同类型旅客的历史统计数据,决定给不同等级的座位预留数量,配合不同的机票定价政策;模拟机票销售情况,为优化决策提供依据。

模拟某个区域的各种交通车辆在道路系统中的运行情况,模拟中可以对交通信号灯的设置进行改变,以便做出最优的选择。

模拟某企业的存储系统,以观察不同的订货政策对供货、生产、销售和资金占用带来的影响。

模拟计算机网络系统的运行,以确定局域网内和局域网对外连接的网络通信能力的设计。

模拟工厂的机器运行,观察机器出现故障的频率,以确定聘用维修人员的数量。

模拟股市行情的变化情况,并做出买或卖的模拟决策,以便增长对股市投资知识的了解。

模拟竞争性企业的经营过程,各企业分别做出生产、营销、财务、人事、投资等方面的决策,在模拟的市场上销售,用多项经营指标对各企业进行评估。

从以上列举的模拟应用的实例不难发现,模拟在经济管理中的应用是相当广泛的,而且所处理的大多是复杂的、带有随机因素的、用其它方法不易解决的问题。

1.2 Excel 在计算机模拟中的应用

Excel 在日常办公中已经得到广泛应用,简单的操作步骤在本书中就不详细叙述。本书仅以 Excel2016 为例,对 Excel 进行基本的数学模拟进行介绍。

1.2.1 Excel 产生随机数

在具体讨论如何利用计算机进行模拟之前,我们简单介绍用计算机产生随机数和随机分布的方法。

我们这里说的随机数是遵循均匀分布的随机变量。我们先假定这些随机数是非负整数。

假若有一个均匀的正十二面体,其中十个面上写上 $0,1,\cdots,9$ 十个数字,另两个面空白。随机地掷(任意摇晃后随意上掷),若正上面有数字,则记下,若空白,不记。抛掷多次,可以得出由 $0,1,\cdots,9$ 组成的数列。比如:$4,3,5,3,8,0,9,2,1,7,6,4,\cdots\cdots$ 这就是一个随机数列。

用计算机产生随机数列的方法有多种,有一种"混合同余法"的随机数产生法比较流行。要运用此方法,要先决定随机数的范围,比如 $0,1,\cdots,m-1$,共 m 个整数;再选定一个初始的随机数 x_0 和参数 a 和 c,($a<m$, $c<m$);以后的随机数的表达式如下:$x_n+1=(ax_n+c)(modulo\ m)$

其中运算(modulo m)是用 m 去除前面的数所得的余数。如果参数选择得当,所得到的随机数可以遍历从 0 到 m-1 这 m 个整数。假设 $m=8,a=5,c=7,x_0=1$ 时,所得的数列为:1,4,3,6,5,0,7,2。若再继续算下去,又从 1 开始同样的数列。

这样产生的所谓随机数其实并不真正随机,虽然 8 个数出现的概率相等,但先后次序确定了。然而,所有用计算机产生的随机数都是"伪随机数"。只要这些随机数与实际的随机数比较相似,就可以在模拟中当作随机数来用。随着人们对随机数的深入研究,提出了一系列的随机数产生方法,其功能越来越强,或者说,越来越像随机数。在各种计算机语言中都有产生随机数的函数,包括 Excel 这样的数据表格软件。

图 1.1 显示的是用 Excel 产生的 40 个介于 0 和 1 之间的随机数。在 B2 到 F9 的 40 个单元格中可以调用函数 RAND(),用拷贝的办法完成;第 G 列和第 10 行是按行和按列的平均值,G10 是所有 40 个随机数的平均值。从理论上说,此平均值的期望是 0.5,但实际上是有误差的。有时均值甚至可能小于 0.4 或大于 0.6。

如果用图 1.1 中的随机数,从 B2 开始,逐行数起,若随机数小于 0.5,则认为硬币是正面,否则,认为是反面。

	A	B	C	D	E	F	G
1	随机数RAND()						平均值
2		0.984734	0.001673	0.456084	0.92539	0.282647	0.530105
3		0.104461	0.336377	0.812929	0.237826	0.161147	0.330548
4		0.31651	0.855665	0.520521	0.182883	0.081873	0.39149
5		0.023663	0.369322	0.294021	0.468064	0.236277	0.278269
6		0.480587	0.748439	0.039393	0.734143	0.563765	0.513265
7		0.558052	0.531131	0.838964	0.57314	0.915899	0.683437
8		0.281519	0.601825	0.453579	0.45397	0.649184	0.488015
9		0.725907	0.140369	0.007083	0.555464	0.926355	0.471036
10	平均值AVERAGE()	0.434429	0.4481	0.427822	0.51636	0.477143	

图 1.1　用 RAND()函数产生的随机数

1.2.2　用 Excel 进行模拟

计算机模拟的实现需要借助计算机软件,或者是专用的计算机模拟语言,例如:STATA、SPSS、SAS 等,或是利用计算机编程语言。下面我们介绍的是如何用 Excel 进行模拟。我们也可以把 Excel 当成一种特殊的语言,可以用于通常的表格数据运算,这是大家熟悉的。也可以用来进行计算机模拟,这对许多人来说是陌生的。由于 Excel 软件十分普及,学会用 Excel 做模拟的一个好处是不需要为模拟环境发愁。

让我们一起用模拟的方法解决随机需求的存储问题。

例 1.1　随机需求的存储问题。

某商店每天的啤酒销售量服从(表 1.2)离散型随机分布：

表 1.2　啤酒销售量的离散型随机分布表

需求量(瓶)	100	120	150	200	250
概率	0.2	0.25	0.35	0.15	0.05

商店每次订货的订货费为 100 元；每瓶啤酒每天的存储费为 0.1 元；若顾客来买啤酒而商店缺货，每瓶的缺货费为 0.5 元(这是机会损失)。假设订货期为 12 小时，即今天晚上订货，明天一早就到货。商店经理每天晚上检查存货情况，在存货少于一定数量(即订货点)时就打电话订货，并且要说明定多少(订货量)。经理的目标是在一段较长的时间里平均成本最小。请你帮经理解决这一存储问题。

下面我们在 Excel2016 环境下用模拟的方法解决这一问题。

1. 输入基本参数

如图 1.2 所示，我们先把存储问题的基本参数输入到电子表格。在 E 列计算出随机需求的累计分布，从公式显示条可以看到 E7 单元格的计算公式。注意：E7 的值不是 1，而是 0.95，意思是当随机数大于 0.95 时需求量为 250。

E7　=D3+D4+D5+D6

	A	B	C	D	E	F
1	存储问题			啤酒每天需求量的分布		
2	订货费/批	100		概率密度	累积分布	需求(瓶)
3	存储费/瓶	0.1		0.2	0	100
4	缺货费/瓶	0.5		0.25	0.2	120
5				0.35	0.45	150
6				0.15	0.8	200
7				0.05	0.95	250

图 1.2　输入参数并计算累计分布

2. 设定初始值和决策变量的取值

假设该商店在模拟开始有 200 瓶啤酒，并给决策变量——进货点和进货量——赋值。为决策变量赋的值不一定是最优的，我们可以变化这些值观察目标函数的变化。我们得到图 1.3。

A1　存储问题

	A	B	C	D	E	F
1	存储问题			啤酒每天需求量的分布		
2	订货费/批	100		概率密度	累积分布	需求(瓶)
3	存储费/瓶	0.1		0.2	0	100
4	缺货费/瓶	0.5		0.25	0.2	120
5	开始库存	200		0.35	0.45	150
6	进货点	100		0.15	0.8	200
7	进货量	500		0.05	0.95	250

图 1.3　设定初始值并为决策变量赋值

3. 模拟一天的需求、供货和订货

为了产生第一天的需求，要调用 RAND()函数产生一个介于(0,1)的均匀分布的随机数,根据该随机数的大小查看需求的累计分布,然后决定需求量。请注意图1.4中需求、存量、进货量以及各种费用是如何决定的。相应单元格的计算公式是用插入批注的办法在图中表示出来的。

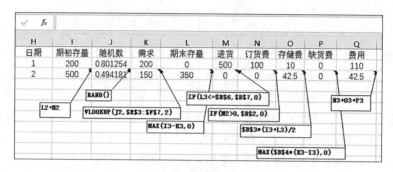

图1.4 第2天需求、订货、存货及费用的模拟及公式

在确定需求量时我们用了函数 VLOOKUP(),它的功能是在一个数据列表中寻找相应的值。它的第一个参数是J10,即产生的随机数的数值;第二个参数是E3:F7区域的数组,即累计分布与相应的需求量;第三个参数是2,表示寻找的数值在该数组的第二列。注意的是在公式中如果需要固定某个引用的数字,要加＄符号,如固定E3:F7数组,就必须在公式中表示为＄E＄3:＄F＄7。

4. 模拟多天的情形

在模拟了第一天以后,我们可以用同样的方法模拟第3、第4、……一直到你选择的模拟天数。我们假设模拟10天,如图1.5所示。

H 日期	I 期初存量	J 随机数	K 需求	L 期末存量	M 进货	N 订货费	O 存储费	P 缺货费	Q 费用
1	200	0.601357	150	50	500	100	12.5	0	112.5
2	550	0.730919	150	400	0	0	47.5	0	47.5
3	200	0.357265	120	80	500	100	14	0	114
4	580	0.852402	200	380	0	0	48	0	48
5	200	0.527806	150	50	500	100	12.5	0	112.5
6	550	0.117384	100	450	0	0	50	0	50
7	200	0.805807	200	0	500	100	10	0	110
8	500	0.303485	120	380	0	0	44	0	44
9	200	0.971722	250	0	500	100	10	25	135
10	500	0.29078	120	380	0	0	44	0	44
								总费用:	817.5

图1.5 模拟10天的存储情形

在图1.5中,我们得出10天的总费用是817.5元。在实际模拟中,你会发现一个很奇怪的现象:当你做某种操作时,图1.5的J列的随机数会变化。因为Excel在做某些操作时,要对每个单元格进行计算,当碰到RAND()函数时,它会产生一个新的随机数,所以表中的J列会刷新。为了对结果进行分析,我们可以将该列用选择性粘贴将它的值拷贝到同一列。

5. 利用"模拟运算表"进行分析

为了求出最优的订货点和订货量,我们可以先"冻结"J列的随机数,再改变决策变量的值。因为我们有两个决策变量,为了把解法叙述清楚,我们先固定一个决策变量——进货点,仅变化进货量。为了更方便地观看决策变量和结果,我们让单元格的值等于单元格

图 1.5 Q12(总费用)的值。图 1.6 和图 1.7 显示了在进货量不同时总费用的差异。

J18

	A	B	C	D	E	F
1	存储问题			啤酒每天需求量的分布		
2	订货费/批	100		概率密度	累积分布	需求
3	存储费/瓶	0.1		0.2	0	100
4	缺货费/瓶	0.5		0.25	0.2	120
5	开始库存	200		0.35	0.45	150
6	进货点	100		0.15	0.8	200
7	进货量	500		0.05	0.95	250
8	总费用	817.5				

图 1.6　进货量为 500 时的总费用

D10

	A	B	C	D	E	F
1	存储问题			啤酒每天需求量的分布		
2	订货费/批	100		概率密度	累积分布	需求
3	存储费/瓶	0.1		0.2	0	100
4	缺货费/瓶	0.5		0.25	0.2	120
5	开始库存	200		0.35	0.45	150
6	进货点	100		0.15	0.8	200
7	进货量	600		0.05	0.95	250
8	总费用	867.5				

图 1.7　进货量为 600 时的总费用

如果我们要让进货量在更大范围变化，一个个地实验未免太麻烦了。

下面，我们介绍如何使用 Excel 中"数据"栏里"模拟分析"里的"模拟运算表(T)"的功能，以达到模拟多种进货量的目的。

首先，我们将原来的模拟 10 天的数据扩大到模拟 100 天。这时候总费用为 5787.5。然后，我们设定进货量取值的范围，假设为 300 到 800，每个间隔为 50。我们在 Excel 表中选择合适的空位，用"编辑"里的"填充"功能输入 300，350，…，800 这 11 个数值，如图 1.8 所示。大家一定注意到，在 T1 到 AD1 是预设的模拟参数进货量，但在 S2 设定为等于 B8(即总费用)的值。

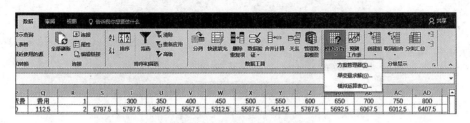

图 1.8　总费用的模拟运算表

接着，我们可以选择"数据"中的"模拟运算表"，得到一个对话选择框，如图 1.8 所示。在"输入引用行的单元格(R)"一栏，我们选择了 B7，这是进货量所在的单元格，其作用是告诉程序，上面的 T1 到 AD1 一行的数值要逐个替换 B7 中的进货量。至于下面一行的数值是什么,要由 S2 单元格来确定。因为我们已经令 S2 格等于 B8 格,即总费用。所以,我们不需要选"输入引用列的单元格(C)",因为所设定的数组是以横行的方式排列的。

在选择完后,按"确定"按钮,可以得到图 1.8 所示的结果,总费用与订货量的关系图在图 1.9 中绘出。大家可以看出,最优进货量大约在 450 左右。

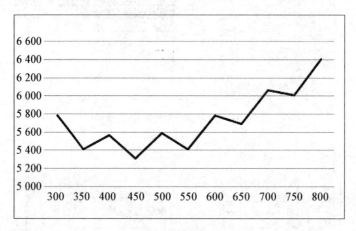

图 1.9 总费用与进货量之间的关系图

6. 利用"规划求解"进行优化

像上面那样用变化进货量实验求最优解的办法太粗糙,因为进货量变化的间隔为 50,中间的数据被忽略了。Excel 提供了求解优化问题的方法,只要在"数据"栏的分析标签里选择"规划求解",就会自动出现参数设置窗口。

在 Excel2016 中,如果在"数据"选项下没有发现分析标签里有规划求解,需到左上角的"文件"选项中,"Excel 选项"的加载项中,选择"规划求解加载项"通过下方的转到 Excel 加载项,确定后,在"数据"选项中的分析标签显示"规划求解"。

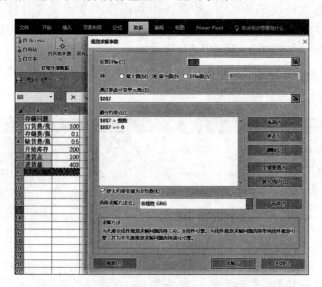

图 1.10 设置两个决策变量的对话框和最终结果

图 1.10 显示了按我们的例题设置好的情景。其中,目标单元格设为 \$B\$8,选中"最小值"作为目标,可变单元格(即决策变量所在的位置)为 \$B\$7,在约束中要求决策变量 \$B\$7 为整数。我们在"选项"中还设定变量 \$B\$7 非负。在设定了图 1.10 的窗口后,点"求解"按钮,即可得到如图 1.10 所示的解。此解表示在订货点为 100 的情况下,最优解的进货量为 403,相应的总费用为 5 154.8。这比前面用取值试算得到的进货量 450,总费用 5 312.5 节省了 157.7。注意:用 Excel 求解时所得的结果依赖于决策变量的初值,因为我们要解决的问题有许多局部最优解,Excel 在得到局部最优解后就会停止。其他的优化软件也有类似的情况。

我们在前面假定订货点为 100,这种假定是人为的,实际上进货点和进货量一样都是决策变量。为此,我们可以在规划求解设置窗口选择 \$B\$6 和 \$B\$7(进货点和进货量)作为可变单元格,并要求两者都是整数,但是结果是,进货点 6,进货量 400,总费用 4 801。这不符合实际的每天需求 100,如果限定进货点≥100,结果为进货点 100,进货量 373,总费用 5 289.6。总之,可以通过设定不同的值,来进行多次运行和进一步的结果分析,得到更符合实际的管理决策。

1.3 商科专业模拟教学

1.3.1 模拟教学的概念

模拟教学方法是在老师的指导下,学生通过扮演现实企业或其他组织的成员,借助特定的教学软件或器具,以团队或个体的方式进行特定场景下的决策,把现实的经营管理场景缩微到模拟课堂的一种教学方法。随着社会对应用型人才的需求增加,商科专业的实践教学在高等教育中的地位越来越重要。商科专业的实践教学要让学生真正在现实企业或社会组织中进行实践困难重重,实践单位一般只能接受少数学生,所以模拟教学越来越广泛地应用于商科专业的实践教学中。

目前商科专业的模拟教学主要有两种形式,一种是纯粹借助教学软件进行的模拟教学,如北京大学的 BIZSIM 企业竞争模拟软件、GLO-BUS Software 的 The Business Strategy Game、ILS 的 Marketplace Live Business Simulations,另外一种就是计算机软件加道具的教学形式,如"用友"软件公司的 ERP(企业资源规划)沙盘模拟软件。

国内外学者在研究商科专业的模拟教学中,主要侧重研究以下几点。一是针对某个课程的模拟教学应用研究,如吴维库、刘冀生(1998)、李玮(2008)、姚茜等(2010)、Stephen 等(2002)分析了企业战略管理、管理学等课程的模拟教学,认为计算机模拟教学法是授课加案例教学的一个有效补充,能使学生灵活全面地掌握管理学科各方面的知识。Emre Hatipoglu 等(2014)在国际关系课程的教学中引入多天—多步骤—多问题的模拟教学方法。Tal Ben-Zvi (2010)在决策支持系统课程中引入 INTOPIA game,认为商业模拟游戏能够使学生自主收集信息,自行设计决策模型,使教学更有效。

二是针对模拟教学方法的设计和改进。翟卫东(2012)提出 Encircle 的包含教学内容、教学团队、教学过程的连续环状模式,将模拟教学应用于跨专业的综合模拟实验课程。

三是针对模拟教学的价值研究。Stephen 等(2002)认为模拟教学在整合课程教学中具有重要价值。Burns and Gentry(1992)、Brooks 等(2006)认为商业模拟教学能让学生通过模拟学习到经验知识,并且这种知识让学生更加深刻理解。Ernest R. Cadotte 等(2013)认为商业模拟教学提供了一个很有价值的学习平台,教师在模拟环节中至关重要,学生很注重与老师的互动交流,从而能够很好地理解知识。

1.3.2 几种主要的模拟教学软件分析

1. 北京大学 BIZSIM 企业竞争模拟软件

北京大学光华管理学院开发的企业竞争模拟软件运用计算机软件产生虚拟的企业竞争环境,学生自由组成团队分别扮演公司的各个职能部门经理,通过对初期的模拟结果进行分析,然后对产品、价格、分销、促销、财务等多个方面进行决策,在当期结果出来后继续进行下一期的决策,最后在规定的决策期数后按照经济绩效进行综合评价,确定各虚拟公司的成绩。该软件将商科的各种知识通过软件进行变量控制,变量较多,学生在开始接触时很难快速掌握。但是在经过多期模拟后,学生能学会进行相关的分析,并制定公司的发展战略。该软件也可以由老师根据不同的授课对象设定不同的场景。

目前,软件已经重新开发了互动式图形界面,主要应用于大学 MBA 教学、大学生创业教育、企业管理层培训等。竞赛也从 2001 年开始的面向全国 MBA 培养高校,逐步推广到面向所有高校。

2. 用友 ERP 沙盘模拟软件

用友软件公司开发的 ERP 沙盘模拟软件经历了从实物沙盘到沙盘+软件的发展历程。由于沙盘道具具有直观性、简易性的特点,在教学中,学生更加容易接受。沙盘软件将商科专业所需掌握的管理学、市场营销学、物流管理、财务管理、会计等课程的理论在模拟中得到基本的综合运用,加深了学生对理论知识的掌握,但是也仅仅停留在比较浅显的知识层面。初期的实物沙盘模拟由于没有软件的支撑,教学过程中教师难以控制学生的推演过程是否完全符合规则,后期通过软件进行支撑后可以较好地进行课堂控制。

3. The Business Strategy Game

The Business Strategy Game 是由 GLO—BUS 公司开发的一款模拟教学软件。该软件由美国 Alabama 大学的教授最早开发,截止到 2015 年年底,有 53 个国家和地区的 636 所高校应用。该软件由学生组成团队经营跨国的运动鞋公司,市场主要包括北美、拉丁美洲、欧洲、非洲和亚洲市场,决策的变量比较多,包括了原材料采购、生产、价格、品牌、存货清仓、物流、社会责任、网络销售、财务等决策,同时在决策中加入了商业信用、汇率等相关因素。总体来说更加贴近真实公司的运营,但是由于涉及的相关知识比较广泛,学生组成的团队要对所有知识融会贯通比较难。

4. Marketplace Live Business Simulations

Marketplace Live Business Simulations 由美国 Tennessee 大学的教授最早开发,目前有 8 种语言,全球众多高校和部分公司均使用过该软件。该软件由学生组成团队教学公司决策,涉及市场营销、销售、物流、人力资源、生产、会计、电子商务等方面。软件提供 5 个细分市场供学生团队进行决策,以最后一期累积的资产负债表进行绩效评估,针对不同的课程软件提供了相应的教学大纲和讲义。

5. 小结

几种教学模拟软件各有其优势,其应用也各有重点。北京大学开发的 BIZSIM 企业竞争模拟软件从最初的单一界面发展到图形交互界面,但核心更加注重的是学生的整体分析计算和预测能力。用友 ERP 沙盘模拟软件最初的推广主要在于将复杂的企业管理内容简单化,有实物道具,学生容易接受。The Business Strategy Game 考虑的变量更多,更加接近现实的企业运营,将社会责任等因素加入到决策中,但是学生在短期内很难迅速进入角色。Marketplace Live Business Simulations 的优势是针对不同的课程开发了一些课件,方便不同课程的老师在运用模拟软件时突出自己课程关注的知识点。

1.3.3 模拟教学在商科专业教学中的价值

从目前的研究来看,模拟教学作为授课和案例教学的一个有益补充,正逐步应用到商科专业的课程教学和综合实验教学中。由于目前可以应用于商科专业模拟教学的平台比较多,国内外在教学中的侧重点也有所差别。但总体来说,商科专业的模拟教学具有如下几种价值。

1. 加深对知识的理解

商科知识的传授针对学生来说,依据 Bloom 的学习层级(图 1.11)来说,主要分为知识的记忆、理解、应用、分析、评估、创新几个阶段。而对于大学生来说,接触的专业知识与其原有的知识基础存在一定的脱节,而且没有实践经验,对很多知识仅仅停留在第一阶段的记忆层面,而模拟教学让学生组成团队,通过对虚拟公司的决策,让学生对每一个决策找到其理论依据,加深了学生对商科知识的理解。

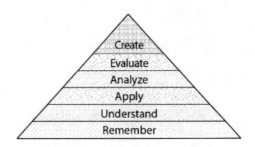

图 1.11　Bloom's Revised Hierarchy of Learning
Anderson, L. W., & Krathwohl (Eds.). (2001).

2. 教师和学生的互动性增强

传统的教学模式主要是老师讲,学生记。虽然近年来,主流的教育思路强调提高课堂的互动性,但是实际情况是商科专业的学生规模普遍偏大,教师很难在课堂上进行互动。而模拟教学最大的优势在于让学生主动参与进来,以学生为主体,教师可以与各个学生团队进行互动。

3. 教学的趣味性提高

学生长期以来对"填鸭式"的教育比较反感,课堂的理论教学要有一定的吸引力需要教师的教学技巧的提升,而且因人而异。模拟教学首先给学生一个轻松的氛围。模拟软件的核心流程和游戏差不多,只是模拟软件让学生应用商科的知识去进行竞争,在学生掌握了模拟软件的规则后,由于竞争性的存在,使学生能够更加有兴趣去努力挖掘学习过的商科理论知识以争取虚拟公司的排名靠前。

4. 增强学生的团队合作能力

团队合作一直是大多数公司招聘的一个基本条件。尤其是目前独生子女比例很高的情况下,在学生就业前培养其团队合作精神也是大学教育的一个基本要求。尤其是商科专业的毕业生,在工作中更加需要学会去建立团队伙伴关系、与他人进行协作。模拟软件让学生按照团队组成公司,扮演不同的角色,在制定决策时会因为不同意见而发生争论,这时候就需要学生相互协作,培养团队合作精神。

第二章 经营决策模拟中的相关理论基础

2.1 战略与战略管理

经营决策模拟首先需要指定的是公司的战略问题,总体战略如何？竞争战略如何？职能战略如何？经营决策模拟需要通过战略的制定、实施,最后根据结果来评价战略制定的效果和实施的情况。

企业总体战略是通过企业的内外部环境分析,根据企业宗旨和战略目标,依据企业在行业内所处的地位和水平,确定其在战略规划期限内的资源分配方向及业务领域发展战略。在面对不同的环境和基于不同的内部条件时,企业所采取的总体战略态势会各有差异,企业的总体战略主要有三种:稳定型战略、增长型战略和防御型战略。竞争战略主要有三种:成本领先战略、差异化战略、集中化战略。

2.1.1 稳定型战略

稳定型战略是指在企业内外部环境约束下,企业基本保持目前的资源分配和经营业绩水平的战略。按照稳定型战略,企业目前的经营方向、核心能力、产品及市场领域、企业规模与市场地位等都大致不变或以较小的幅度增长或减少。

从企业经营风险的角度来讲,稳定型战略的风险是比较小的;从企业发展速度上来讲,稳定型战略发展速度是比较缓慢的,甚至还可能有萎缩;从企业的战略思想上来讲,稳定型战略追求的是与企业过去大体相同的业绩,是要保持在过去经营状况基础上的稳定。

2.1.2 增长型战略

增长型战略是一种使企业在现有的战略基础上向更高一级目标发展的战略。它以发展作为自己的核心内容,引导企业不断地开发新产品、开拓新市场,采用新的生产方式和管理方式,以便扩大企业的产销规模,提高竞争地位,增强企业的竞争实力。在实践中,增长型战略有许多不同类型,下面分别加以介绍。

1. 密集增长战略

密集增长战略是指企业在原有生产范围内充分利用在产品和市场方面的潜力,以快于过去的增长速度来求得成长与发展的战略。该战略有时也称为集约化或专业化成长战略、产品-市场战略、单一经营成长战略,是较为普遍采用的一种公司战略类型。如美国沃尔玛公司、可口可乐公司、麦当劳公司等企业都是在一项业务内经营并获得成功的著名企业。

2. 一体化战略

(1) 企业一体化战略的概念

企业一体化战略又称企业整合战略,是指企业充分利用自己在产品、技术、市场上的优势,根据物质流动的方向,使企业不断地向所经营业务的深度和广度发展的一种战略。该战略是一个非常重要的成长战略,它有利于深化专业化分工协作,提高资源的利用深度和综合利用效率。

(2) 企业一体化战略的类型

企业一体化战略主要有两种类型,即纵向一体化战略和横向一体化战略。

3. 多元化战略

多元化战略,又称为多样化或多角化成长战略,是指企业的发展、扩张是在现有产品或业务的基础上增加新的产品或业务。这是一种产品、市场战略,企业实行这种战略是为了长期稳定地经营和追求最大的经济效益。

2.1.3 防御战略

防御战略又称稳定战略,是企业较普遍采用的发展战略。企业在战略规划期使企业的资源分配和经营状况基本保持在目前状态和水平上,降低竞争对手的进攻可能性,把进攻引向威胁更小的方面或者减少进攻的强度,适合于希望维持现状,或等待时机、再图扩张,还有那些暂时稳定、逐步紧缩的企业。

2.1.4 三种基本的竞争战略

美国战略学家迈克尔·波特提出企业一般竞争战略有三种,即成本领先战略、产品差异化战略及集中化战略。企业竞争战略是针对企业内业务单元来讲的,是业务单元的战略,而不是指公司战略。对于一个多元化经营的公司来说有许多业务单元,在确定了公司的战略以后,对每项业务单元都要制定具体的产品、市场竞争战略,这是特别要指出的。

1. 成本领先战略

成本领先战略又叫低成本战略,这种战略的指导思想是,在较长时期内在价值链的各个环节上使企业产品成本保持同行业中的领先水平,并按照这一目标采取一系列措施,获得同行业平均水平以上的利润。

2. 差异化战略

这种战略的指导思想是:在价值链的某些环节上,企业提供的产品与服务在产业中具有独特性,即具有与众不同的特色,这些特色可以表现在产品设计、技术特性、产品品牌、产品形象、服务疗式、销售方式、促销手段等某一方面,也可以同时表现在几个方面。这种产品由于具有与众不同的特色,因而赢得一部分用户的信任,使同产业内的其他企业一时难以与之竞争,其替代品也很难在这个特定的领域与之抗衡。

3. 集中化战略

美国迈克尔·波特提出了第三种企业基本竞争战略,即集中化战略。该战略通过满足特定消费者群体的特殊需要或者集中服务于某一有限的区域市场,来建立企业的竞争优势并确立其市场地位,中小型企业比较适合采用此战略。集中化战略的最突出特征是专门服务于总体市场的一部分,即对某一类型的顾客或某一地区性市场作密集型的经营。这种战略的优点在于企业能够控制一定的产品势力范围,在此势力范围内其他竞争者不易与之竞争,故其竞争优势地位较为稳定。

2.2 市场预测与定价

2.2.1 市场预测

在经营决策模拟中,需要多种管理学知识,其中对市场需求的预测和决策方案的优化是最重要的一个环节。预测的方法有许多,相应的软件也是五花八门。比如,预测有线性方法和非线性方法,其中各种方法又有许多种类。就说统计分析、预测方法,有 SAS、SPSS、TSP、STATA 等功能强大的通用软件。在此仅介绍如何用 Excel 进行预测,所用的预测方法只是用线性回归,所介绍的优化方法也是用 Excel 实现的。

为了便于理解,我们以一个例题给出数据,按一般做预测的步骤进行分析,建立模型,并用 Excel 进行具体的预测。Excel 中相关的函数和数据处理工具较多,本书中仅就一些常用的功能进行介绍,具体的功能可以参考相关的 Excel 数据处理功能。

为了便于理解,我们以市场调研数据分析为例。表 2.1 和表 2.2 显示的是某公司一种产品的 30 周的市场调研统计,其中包括产品的价格、广告费、促销费和相应的市场对该产品的需求。该公司非常希望能寻找出需求量与价格、广告、促销之间的关系,以便对未来某种情景下的需求进行预测。由于几个变量都是变化的,单从数据很难看出它们之间的关系,需要借助科学的预测方法。需要指出的是,虽然在经济学中可以画出简单的需求与价格的关系图,但实际的情况比经济学教科书上说的要复杂得多。

我们将这些数据输入 Excel,计算价格、广告费、促销费与需求量之间的相关系数。结果是令人怀疑的,因为需求与促销费的相关系数为负。这不符合市场营销的基本原理,所以,在进行数据处理的时候,我们也需要掌握相关的理论,不能仅仅依靠数据分析的结果来得出结论。在本例中,如果因变量只依赖于一个自变量,比如需求只依赖于促销费用,与价格、广告无关,或者价格、广告相对比较固定,对一般的商品而言,需求与促销费用之间的相关系数为正数。然而,在本例中,价格和广告费都有比较大的变化,特别是广告费的变化范围很大,出现以上看似反常的情况是比较正常的。

1. 基本分析

我们在图 2.1 中还计算了各变量的均值、最小值和最大值。了解变量的变化范围对分析问题是有帮助的。图 2.2 和图 2.3 为相关系数操作截图,在图 2.4 至图 2.6 中,我们分别画出了表示需求与价格、广告费、促销费之间关系的散点图。大家可以看到,散点图并不像经济学教科书中抽象出的曲线那样简单,但我们大致能看出它们之间关系的趋势。将三个图形相比较,可以发现需求与价格的关系更明显一些。

表 2.1 商品需求市场调查数据

周 次	价格(元)	广告费(元)	促销费(元)	需 求
1	1 000	20 000	10 000	893
2	1 039	28 000	9 600	807
3	1 021	19 000	9 200	846

续 表

周 次	价格(元)	广告费(元)	促销费(元)	需 求
4	1 033	21 000	10 000	756
5	1 038	26 000	10 100	798
6	1 056	31 000	9 100	787
7	1 054	40 000	9 800	909
8	1 024	43 000	9 300	987
9	1 066	48 000	9 500	914
10	1 057	38 000	9 400	912
11	1 036	28 000	9 200	903
12	1 071	23 000	9 300	710
13	1 033	21 000	10 100	728
14	990	24 000	10 600	896
15	1 036	17 000	10 600	733
16	1 071	14 000	11 000	628
17	1 066	16 000	11 300	697
18	1 096	15 000	11 600	630
19	1 064	8 000	11 600	640
20	1 044	16 000	11 000	688
21	1 017	12 000	10 700	778
22	1 032	14 000	10 700	764
23	1 052	7 000	10 900	668
24	1 101	11 000	10 800	479
25	1 106	19 000	10 500	541
26	1 072	28 000	9 600	685
27	1 097	35 000	8 900	739
28	1 111	43 000	9 800	831
29	1 086	42 000	9 400	903
30	1 125	36 000	9 500	753

表 2.2 市场调查分析数据

周　次	价格(元)	广告费(元)	促销费(元)	需　求
1	1 000	20 000	10 000	893
29	1 086	42 000	9 400	903
30	1 125	36 000	9 500	753
相关系数	−0.480 1	0.691 9	−0.599 6	
均值	1 056	24 767	10 103	767
Min	990	7 000	8 900	479
Max	1 125	48 000	11 600	987

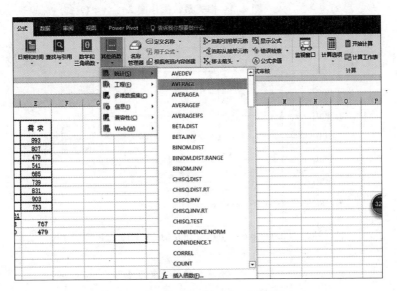

图 2.1　均值、最大值、最小值操作图

图 2.2　相关系数操作图 1

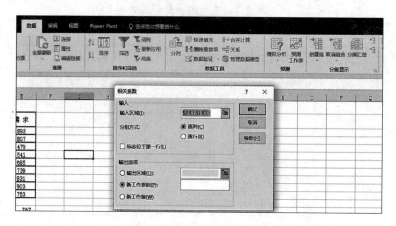

图 2.3　相关系数操作图 2

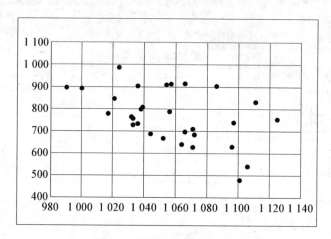

图 2.4　需求与价格之关系图

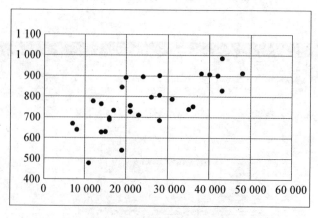

图 2.5　需求与广告之关系图

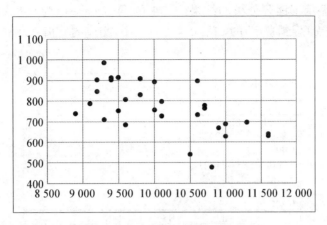

图 2.6　需求与促销费用之关系图

2. 线性回归分析

对于受多个变量影响的需求量的预测,可以先尝试用多元线性回归分析来解决。在"工具"栏中,有"数据"选项,然后选择"数据分析",里面包括"回归"和其他多种统计分析方法的功能。与"规划求解"类似,在 Excel2016 中,如果在"数据"选项下没有发现分析标签里有回归,需到左上角的"文件"选项中,"Excel 选项"的加载项中,选择"分析工具库加载项"通过下方的转到 Excel 加载项,确定后,在"数据"选项中的分析标签显示"数据分析"。在准备好此工具后,选择"数据"中的"数据分析",再在出现的选择框中选"回归",可以得到如图 2.7 所示回归分析对话框。我们已经填好了因变量(Y 值)和自变量(X 值)所在的区域。注意,这里的自变量有三个,$B$3：$D$32 包含了价格(B 列)、广告(C 列)和促销(D 列)。选择完毕,按"确定"钮,即可得到回归的结果。

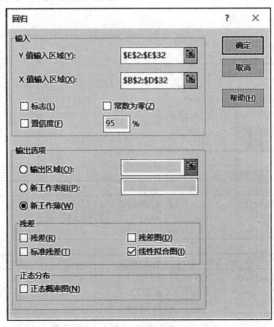

图 2.7　回归分析对话框

在图 2.8 中显示了回归分析的结果。其中的 R Square 值为 0.8894，模型看来不错。但是，第三个自变量（促销费用）的 t 值（0.4115）太小，相应的 p 值（0.6841）太大，不应该包含在回归模型中。

SUMMARY OUTPUT				
回归统计				
Multiple	0.943091			
R Square	0.889421			
Adjusted	0.876662			
标准误差	42.11651			
观测值	30			
方差分析				
	df	SS	MS	F
回归分析	3	370946.6	123648.9	69.7084438
残差	26	46118.81	1773.8	
总计	29	417065.4		
	Coefficients	标准误差	t Stat	P-value
Intercept	3004.45	278.0649	10.80485	4.1297E-11
X Variable 1	-2.39054	0.247662	-9.6524	4.4058E-10
X Variable 2	0.009011	0.001086	8.296988	8.8701E-09
X Variable 3	0.006401	0.015556	0.411474	0.68409759

图 2.8　回归分析结果

3. 改进模型

为此，我们在选择回归模型的自变量时只包含价格和广告费，如图 2.9 所示。从图中可以看出模型的 R Square 值相当好，显示的结果表明两个变量的 t 值都比较大。其中，广告费的 t 值很大，说明广告费对需求的影响十分显著，价格的 t 值约为 -9.97，对需求也有显著的影响。

SUMMARY OUTPUT				
回归统计				
Multiple	0.942709			
R Square	0.888701			
Adjusted	0.880456			
标准误差	41.46356			
观测值	30			
方差分析				
	df	SS	MS	F
回归分析	2	370646.2	185323.1	107.7944
残差	27	46419.13	1719.227	
总计	29	417065.4		
	Coefficients	标准误差	t Stat	P-value
Intercept	3053.014	247.8709	12.31695	1.36E-12
X Variable 1	-2.36725	0.237374	-9.97266	1.51E-10
X Variable 2	0.008668	0.000686	12.63609	7.54E-13

图 2.9　两个自变量时的回归结果

4. 预测

以 Y 表示需求，X1 和 X2 分别表示价格和广告费，我们得到以下的回归方程：

$Y = 3053.014 - 2.36725\, X1 + 0.008668\, X2$

此处两个自变量的系数符合经济学的基本原理，需求与价格负相关，与广告费正相关。

如果该公司在下一周定价为1 000 元，广告费为20 000 元，促销费维持往常的平均水平10 100，它用回归分析的方法预测的需求量为（舍去小数点后的数字）：

$Y = 3\,053 - 2\,367 + 173 = 859$

2.2.2 用 Excel 进行优化

在第一章，我们已经学习过如何用"规划求解"寻求最优的进货点和进货量。在这里，我们以上面市场需求的例子寻找最优的市场营销策略。

我们以用两个自变量得到的模型为依据，假设促销费用固定为 10 100 元，为简单起见，我们在下面的公式中没有考虑促销费。假设公司生产一个产品的成本（不含广告）为 700 元，他的目的是使所得的利润最大。该公司应该如何定价，如何决定广告的投入呢？

我们先在 Excel 中设定计算销售额、收益（利润）的关系式，如图 2.10 所示。然后，用"工具"栏的"规划求解"，设定相应的值，如图 2.11 所示。注意：我们对价格和广告都设定了上限，各自的上限大约是历史数据中的最大值。因为我们得到的估计需求量的关系式是从历史数据中得来的，若超出这一范围过多，用原有的关系式预测会出现比较大的误差。

	Coefficients	标准误差	t Stat	P-value	Lower 95%
Intercept	3053.014	247.8709	12.31695	1.36E-12	2544.425
X Variable 1	-2.36725	0.237374	-9.97266	1.51E-10	-2.85431
X Variable 2	0.008668	0.000686	12.63609	7.54E-13	0.007261
价格	广告	需求	收入	成本	收益
1000	20000	859	859000	621300	237700

图 2.10 设定计算收益的关系式

图 2.11 规划求解选项对话框

图 2.12 显示了求解的结果,优化的价格为 1 086,广告费为 50 000,预测的需求为 914。这是一个高广告费的策略。但价格并未达到限定的最大值 1 200。这说明该市场对广告很敏感。对价格来说,因为在销售额中有价格的二次函数,一般是在价格取值范围内部达到最优。值得提醒的是,在得到这些策略时,真正实施还要慎重一些。其原因在于需求与价格、广告费的关系一般不是线性关系,而我们用线性关系去拟合。当数值在样本区中心部分时,预测会比较准一些;当数值在样本区边沿时,像广告费超过了历史的最大值,预测的误差会比较大。

Coefficients		标准误差	t Stat	P-value	Lower 95%
Intercept	3053.014	247.8709	12.31695	1.36E-12	2544.425
X Variable 1	−2.36725	0.237374	−9.97266	1.51E-10	−2.85431
X Variable 2	0.008668	0.000686	12.63609	7.54E-13	0.007261
价格	广告	需求	收入	成本	收益
1086.664	49999.54	914	993210.8	689799.5	303411.3

图 2.12 最优的营销策略

Excel 里的数据分析还可以提供误差分布的分析等多种功能,我们不一一列举。如果数据拟合不理想,还可以尝试做变量变换,或考虑滞后现象。

2.2.3 产品定价方法与策略

1. 产品定价方法

一般认为,企业产品销售收入和销售成本存在如下发展变化趋势:随着商品销售量的增加,最初销售量总收入可能急剧上升,继而增长缓慢,最终还可能出现下降趋势。与此同时,商品的销售总成本开始比较高,随着销售量的增加,资源利用效率的提高,而使总成本下降。下面重点介绍几种常用定价方法。

(1) 成本加成定价法

这是一种比较常见的产品定价方法,它以行业平均成本费用为基础,加上规定的销售税金和一定的利润所组成。用公式表示为:

$$\text{产品出厂价格} = \text{单位成品制造成本} + \text{单位产品应负担的期间费用} + \text{单位销售税金} + \text{单位产品销售利润}$$

$$= \text{单位产品制造成本} + \text{单位产品销售利润} + \text{出厂价格} \times (\text{期间费用率} + \text{销售税率})$$

移项整理后:

$$\text{产品出厂价格} = \frac{\text{单位产品制造成本} + \text{单位产品销售利润}}{1 - \text{期间费用率} - \text{销售税率}}$$

$$= \frac{\text{单位产品制造成本} \times (1 + \text{成本利润率})}{1 - \text{期间费用率} - \text{销售税率}}$$

其中,期间费用包括管理费用、财务费用和销售费用。期间费用率为期间费用与产品销售收入的比率,可以用行业水平,也可以用本企业基期损益表的数据。销售税金是指产品在销售环节应交纳的消费税、城建税及教育费附加等,但不包括增值税。销售税率是这些税率之和。销售利润可以是行业的平均利润,也可以是企业的目标利润。成本利润率是销售利润与制造成本的比率,即加成比例。这是成本加成法的关键。

成本加成法定价的优点:产品价格能保证企业的制造成本和期间费用得到补偿后还有一定利润,产品价格水平在一定时期内较为稳定,定价方法简便易行。成本加成法定价的缺点:忽视了市场供求和竞争因素的影响,忽略了产品寿命周期的变化,缺乏适应市场变化的灵活性,不利于企业参与竞争,容易掩盖企业经营中非正常费用的支出,不利于企业提高经济效益。

(2) 市场竞争定价法

市场竞争定价法就是根据市场上同类商品竞争结果的可销零售价格,反向计算而确定出厂价格的方法。计算公式是:

$$\text{产品出厂价格} = \text{市场可销零售价格} - \text{零批差价} - \text{批价差价}$$

$$= \left(\text{同类产品市场基准零售价格} \pm \text{产品质量或规定差价}\right) \times \left(1 - \text{零批差率}\right) \times \left(1 - \text{批进差率}\right)$$

其中,在"同类产品市场基准零售价格"上加上或减去"产品质量或规定差价",是指在使用这种方法时,要将本企业商品的质量、品种、规格、包装等与同类竞争商品进行充分比较,确定应加价还是减价。零批差价是指同一商品在同一市场、同一时间内零售价格与批发价格之间的差额。零批差价与零售价格之比称零批差率。批进差价是指同一商品在同一市场、同一时间内批发价格与出厂价格之间的差额。批进差价与批发价格之比称批进差率。

(3) 目标利润定价法

目标利润定价法是指运用量本利分析原理,在保证目标利润的条件下确定产品出厂价格的方法。计算公式为:

$$\text{产品出厂价格} = \frac{\text{单位变动成本} + \text{单位固定成本}}{1 - \text{销售税率}} + \frac{\text{目标利润}}{\text{预计销售量} \times (1 - \text{销售税率})}$$

$$\text{目标利润} = \left[\text{单位变动成本} + \text{单位固定成本}\right] \times \text{预计销售量} \times \text{成本利润率}$$

$$\text{产品出厂价格} = \frac{(\text{单位变动成本} + \text{单位固定成本}) \times (1 + \text{成本利润率})}{1 - \text{销售税率}}$$

目标利润定价法与前面介绍的"成本加成定价法"是有区别的。差别在于"成本加成定价法"公式中的成本只是制造成本,不包括期间费用;而"目标利润定价法"公式中的成本包括制造成本和期间费用。相应地,两个公式中的"成本利润率"也有所不同。

(4) 弹性定价法

弹性定价法,即需求弹性定价法,是指根据产品需求弹性系数(产品销售价格变化所引起销售量变化的程度)来确定产品价格的一种方法。

一般情况下,当产品的需求弹性小或需求无弹性时,提高价格会增加总销售收入,降低价格会减少总销售收入。当产品需求弹性大时,提高价格会减少销售量,进而减少销售收

入;降低价格会增加销售量,进而增加销售收入。产品需求弹性、需求量(或销售量)与价格的关系如下:

$$P=KQ^{\frac{1}{E}}$$

式中,P—产品价格;
K—常数;
Q—销售量(需求量);
E—需求弹性系数。

需求弹性系数 E 的计算公式为:

$$E=\frac{(Q_1-Q_0)/Q_0}{(P_1-P_0)/P_0}$$

式中,Q_0—原来售价的销售量;
Q_1—新售价的销售量;
P_0—原来售价;
P_1—新售价。

系数 K 可按下面公式计算:

$$K=P_0Q_0^{\frac{1}{E}}$$

2. 产品定价策略

在市场竞争中,企业的产品定价为了能够适应市场需求,扩大销售,增加利润,为企业获得最佳经济效益,除了运用科学的定价方法外,还要根据市场行情的变化、企业产品的特点及消费者心理等因素,灵活地制定定价策略。常用的定价策略,有如下几种:

(1) 需求导向型的定价策略

即根据顾客的不同需求情况,区别对待,差别定价。具体方法有:

• 根据顾客需求的价格弹性定价。凡价格弹性较大的产品,宜采用低价,实行"薄利多销";反之,价格弹性较小的产品,宜采用较高的价格,以获取厚利。

• 根据顾客需求的不同心理定价。这种定价策略实际上是针对不同消费群体采取不同的定价策略。

(2) 竞争导向的定价策略

即根据竞争对手的不同情况,区别对待,差别定价。具体方法有:

• 根据竞争对手的实力定价。如竞争对手的实力较弱,可先采取低价倾销,将对手逐出市场,然后再行提价。若竞争对手实力较强,则宜紧紧跟随,亦步亦趋:即对方提价,我也提价;对方降价,我也降价。如双方旗鼓相当,势均力敌,则宜与对方在价格方面订立"君子协定",共同遵守,以免两败俱伤。另外,可在售后服务、代培人员、供应零配件方面与对手展开竞争。

• 根据产品质量定价。若自己的产品质量十分优良,同行望尘莫及,可利用对手无法竞争的绝对优势,制定高价;若自己产品的质量一般,同行竞争者又较多时,为了扩大市场占有率,宜采取低价,薄利多销。

(3) 利益导向的定价策略

即根据企业本身追求利益最大化的目标,采用各种不同的定价策略。具体方法有:

- 根据不同地区税率的高低分别进行定价。如跨国公司为了追求本身的利益,往往在各地子公司之间相互进行贸易,采取故意抬高低税率地区或免税地区子公司的产品价格,同时压低高税率地区子公司的产品价格,以便在纳税时避高就低,转移利润。
- 根据高出、低入的定价策略来套取合营企业的利润。如跨国公司在世界各地与其他国家的公司搞合营时,经常要求它们的子公司抬高价格向合营企业出售材料物资或提供劳动,同时低价购入合营企业的产品,使合营企业的利润流入跨国公司。

2.3 生产管理决策

2.3.1 生产运作管理

1. 生产运作系统

生产运作系统就是用人力、物料、设备、技术、信息、能源、土地、各种资金以及时间的投入,通过物理变化、化学变化、位置变化等转换过程,产出有形的产品和无形的服务。这个过程我们称为 ITO(投入 Input,转换 Transfer,产出 Output)。在这个过程中,重要的是如何把投入的人、财、物、信息以及时间要素结合好,使它产生一种有目的的产出。这个结合里面既有数量的匹配,也有质量的匹配问题。ITO 最后的产出是产品和服务,而产品和服务一定要满足市场的需求,包括国家需求、社会需求和企业本身的需求。

生产运作系统是由人和机器构成、能将一定输入转化为特定输出的有机整体,是人的组织、物的配置和资金运筹的协调运作的统一体,是由人设计建造。它可以按照需要进行构造和重构,使它能够适应外界环境的剧烈变化。

2. 生产运作管理的目标和基本内容

生产运作管理的目标是高效、低耗、灵活、准时地生产合格产品和提供满意服务,其基本内容是对生产运作系统的设计、运行与维护过程的管理,它包括对生产运作活动进行计划、组织与控制。

2.3.2 生产能力与生产安排策略

1. 生产能力

生产能力是指企业的设施,在一定时期(年、季、月)内,在先进合理的技术组织条件下所能生产一定种类产品的最大数量。对于流程式生产,生产能力是一个准确而清晰的概念。对于加工装配式生产,生产能力则是一个模糊的概念。其中大量生产,品种单一,可用具体产品数表示;大批生产,品种数少,可用代表产品数表示;多品种、中小批量生产,则只能以假定产品(Pseudo-product)的产量来表示。

生产能力有设计能力、查定能力和现实能力之分。

设计能力是建厂或扩建后应该达到的最大年产量;查定能力是原设计能力已不能反映实际情况,重新调查核实的生产能力;现实能力为计划年度实际可达到的生产能力,是编制生产计划的依据。

国外将生产能力分成固定能力(Fixed capacity)和可调整能力(Adjustable capacity)两

种,前者指固定资产所表示的能力,是生产能力的上限;后者是指以劳动力数量和每天工作时间和班次所表示的能力。

2. 处理非均匀需求的策略

市场需求的起伏和波动是绝对的,而企业的生产能力又是相对稳定的,要解决这个矛盾,就要研究处理非均匀需求的策略。

处理非均匀需求可以通过市场营销的办法,如变动价格、促销、推迟交货等;也可以通过生产运作的办法,如加班加点、改变库存等。

改变需求的方法:

(1) 通过改变价格转移需求;通过价格差别转移高峰需求,如电费、机票、过桥费等。

(2) 推迟交货:有失售的损失和失去顾客的危险。

改变生产能力的方法:

(1) 改变劳动力数量。任务重的时候多雇职工,反之少雇职工;非专业性工作可行,反之不可行;解雇职工会受到法律限制和工会、职工的反对;职工为最重要的竞争资源,而不是一种可变成本。

(2) 忙时加班加点,闲时培训。此方法容易实行,有利于稳定职工队伍、增加职工收入。但容易使人厌倦,降低工作效率和质量,引起安全事故。

(3) 利用半时职工:"钟点工"。

(4) 利用库存调节。在制造业多采取利用库存调节生产的办法。由于市场需求是波动的,而生产能力在一定时期是确定不变的。如果从总量上讲,生产能力与负荷是平衡的,为了使生产能力在一定时间满足任务的需要,可以利用库存来调节生产。

(5) 转包(Subcontracting)。扩大了本企业的能力,但可能影响交货期和质量问题,丧失部分控制权,而且会损失一部分收益,而环境及企业自身条件决定了必须借用"他山之石"。

(6) 改变"自制还是外购"的决策。如果能力不够,变某些自制产品或零部件为外购;如果能力有富余,变某些外购产品或零部件为自制。前提是市场可以提供所需的产品或零部件和本企业有能力制造原先确定为外购的产品或零部件。

2.3.3 经济订货量模型

正确的订货数量要使同发出订单的次数有关的成本与同所发订单的订货量有关的成本达到最好的平衡。当这两种成本恰当地平衡时,总成本最小。这时所得的订货量就叫作经济批量或经济订货量(EOQ)。

1. 经济订货量的假设条件

外部对库存系统的需求率已知、需求率均匀且为常量。年需求率以 D 表示,单位时间需求率以 d 表示,一次订货量无最大最小限制。采购、运输均无价格折扣;订货提前期已知,且为常量;订货费与订货批量无关;维持库存费是库存量的线性函数;不允许缺货;补充率为无限大,全部订货一次交付;采用固定量系统。

2. 订货成本构成

(1) 取得成本。取得成本是指为取得某种存货而支出的成本,通常用 TCa 表示。它又分为订货成本和购置成本。

①订货成本。订货成本是指取得订单的成本。其中有一部分与订货次数无关,称为订货固定成本,用 $F1$ 表示。另一部分与订货次数有关,称为订货的变动成本。每次订货的变动成本用 K 表示;订货次数等于存货年需要量 D 与每次进货批量 Q 之商。订货成本的计算公式为:订货成本 $=(D/Q) \cdot K + F1$

②购置成本。购置成本是指存货本身的价值。用 D 表示年需要量;用 U 表示单价,购置成本的计算公式为:购置成本 $=D \cdot U$

订货成本与购置成本之和,就等于存货的取得成本。

其计算公式为: $TCa=(D/Q) \cdot K + F1 + D \cdot U$

(2) 储存成本。储存成本是指为保持存货而发生的成本,通常用 TCc 表示。其中固定储存成本用 $F2$ 表示,单位成本用 Kc 表示。

其计算公式为: $TCc = Kc \cdot Q/2 + F2$

(3) 缺货成本。缺货成本是指由于存货供应中断而造成的损失,通常用 TCs 表示。如果用 TC 来表示储备存货的总成本。

其计算公式为: $TC = TCa + TCc + TCs = F1 + K \cdot D/Q + D \cdot U + Kc \cdot Q/2 + F2 + TCs$

3. 最佳采购批量的计算

(1) 最佳采购批量的概念。存货决策中财务部门要做的是决定进货时间和决定进货批量,能够使存货总成本最低的进货批量,叫作最佳采购批量,也叫作经济订货量或经济批量。

(2) 最佳采购批量的计算公式及其变形。

$$TC(Q) = \frac{D}{Q} \cdot K + \frac{Q}{2} \cdot K_c$$

①经济订货量基本公式: $Q^* = \sqrt{2KD/K_c}$

②基本公式演变式——每年最佳订货次数 N^*

$$N^* = D/Q^* = \sqrt{\frac{DK_c}{2K}}$$

2.4 财务决策与分析

2.4.1 财务决策

1. 财务决策的概念

财务决策是对财务方案、财务政策进行选择和决定的过程。财务决策的目的在于确定最为令人满意的财务方案。只有确定了效果好并切实可行的方案,财务活动才能取得好的效益,完成企业价值最大化的财务管理目标。因此财务决策是整个财务管理的核心。财务决策是一种多标准的综合决策。决定方案取舍的,既有货币化、可计量的经济标准,又有非货币化、不可计量的非经济标准,因此决策方案往往是多种因素综合平衡的结果。

2. 财务决策的分类

财务决策按照能否程序化,可以分为程序化财务决策和非程序化财务决策。前者指对不断重复出现的例行财务活动所作的决策,后者指对不重复出现、具有独特性的非例行财务活动所作的决策。按照决策所涉及的时间长短,可分为长期财务决策和短期财务决策。前者指所涉及时间超过一年的财务决策,后者指所涉及时间不超过一年的财务决策。财务决策又可以按照决策所处的条件,分为确定型财务决策、风险型财务决策和非确定型财务决策,前者指对未来情况完全掌握、每种方案只有一种结果的事件的决策;次者指对未来情况不完全掌握、每种方案会出现几种结果,但可按概率确定的条件的决策;后者指对未来情况完全不掌握、每种方案会出现几种结果,且其结果不能确定的事件的决策。按照决策所涉及的内容,财务决策还可以分为投资决策、筹资决策和分配决策。前者指资金对外投出和内部配置使用的决策,次者指有关资金筹措的决策,后者指有关利润分配的决策。

3. 财务决策的步骤

进行财务决策需经如下步骤:(1) 确定决策目标。指确定决策所要解决的问题和达到的目的。(2) 进行财务预测。即通过财务预测,取得财务决策所需的业经科学处理的预测结果。(3) 方案评价与选优。指依据预测结果建立若干备选方案,并运用决策方法和根据决策标准对各方案进行分析论证,作出综合评价,选取其中最为满意的方案。(4) 决策过程的结束,还需进行具体的计划安排,组织实施,并对计划执行过程进行控制和搜集执行结果的信息反馈,以便判断决策的正误,及时修正方案,确保决策目标的实现。

4. 财务决策的方法

财务决策的方法分为定性决策方法和定量决策方法两类。定性财务决策是通过判断事物所特有的各种因素、属性进行决策的方法,它建立在经验判断、逻辑思维和逻辑推理之上,主要特点是依靠个人经验和综合分析对比进行决策。定性决策的方法有专家会议法、菲尔德法等。定量决策是通过分析事物各项因、属性的数量关系进行决策的方法,主要特点是在决策的变量与目标之间建立数学模型,根据决策条件,通过计算得出决策结果。定量财务决策的方法主要有:适用于确定型决策的本量利分析法、线性规划法、差量分析决策法、效用曲线法、培欣决策法、马尔可夫法等;适用于非确定型决策的小中取大法、大中取大法、大中取小法、后悔值法等。

2.4.2 财务指标的选择

财务工作实践中,通过对企业财务状况和经营成果进行解剖和分析,能够对企业经济效益的优劣作出准确的评价与判断。而作为评价与判断标准的财务指标的选择和运用尤为重要。

1. 根据企业选指标

要根据不同的对象确定不同的指标。规模一般的跨国公司、大型企业、母公司等决策者需要综合性分析指标。可运用杜邦财务分析体系、沃尔比重评分法将指标综合起来进行分析,一个指标内含企业的偿债、营运、盈利等多方信息。分公司、中小企业、子公司或投资者、债权人适用具体指标分析。针对不同的财务信息需求者的要求,选择偿债能力分析指标、营运能力分析指标、盈利能力分析指标、发展能力分析指标等。不应不分对象盲目适用指标分析方法和选择不能体现企业特点的指标作为财务分析指标。

财政部颁布的财务分析指标有近 30 个,但具体到某个企业的一般性分析不必面面俱到都选择。一般企业可选择常用的净资产收益率、总资产报酬率、主营业务利润率、成本费用利润率、总资产周转率、流动资产周转率、应收账款周转率、资产负债率、速动比率、资本积累率等 10 项具有代表性的指标。

2. 严把指标运算关

(1) 了解指标生成的运算过程。会计电算化进入日常工作后,财务指标数据由计算机自动生成,许多指标的计算过程被忽略,若指标波动大,计算生成的结果就不准确。如总资产周转率,如果资金占用的波动性较大,企业就应采用更详细的资料进行计算,如按照各月份的资金占用额计算,不能用期初与期末的算术平均数作为平均资产。若不了解指标生成的运算过程,就不了解指标的组成因素及各因素体现的管理方面的问题,从而发现控制方向和筛除不真实的因素就无从谈起。

(2) 进行对比的各个时期的指标在计算口径上必须一致。如计算存货周转率时,不同时期或不同企业存货计价方法的口径要一致,分子主营业务成本与分母平均存货在时间上要具有对应性,否则就无法进行比较。

(3) 剔除偶发性项目的影响,使作为分析的数据能反映正常的经营状况。如企业决算报表年终审计后,往往要调整年初或本期数,若调整数字涉及若干年度,作分析时就应剔除上年度以前的影响数,这样指标才能反映出企业本年和上年的财务和经营状况的实际情况。

(4) 适当地运用简化形式。如平均资产总额的确定,若资金占用波动不大,就可用期初期末的算术平均值,不必使用更详尽的计算资料。

3. 选择合适标准

财务分析过程需要运用公认科学的标准尺度,对当期指标进行评价。一般采用:①预定目标,如预算指标、设计指标、定额指标、理论指标等;②历史标准,如上期实际、上年同期实际、历史先进水平以及有典型意义的时期实际水平等;③行业标准,如主管部门或行业协会颁布的技术标准,国内外同类企业的先进水平,国内外同类企业的平均水平等;④公认国内国际标准。

一般公认标准的选择除了要注意采用公认标准外,还要看服务对象,企业所有者考虑更多的是如何增强竞争实力,强调的是与同行业的比较。政府经济管理机构在考虑经济效益的同时,还要考虑社会效益,多采用公认的国内国际标准。同时还要看企业类型。同类企业相比,非同类企业没有可比性。

2.4.3 财务分析指标

1. 变现能力比率

变现能力是企业产生现金的能力,它取决于可以在近期转变为现金的流动资产的多少。

(1) 流动比率

公式:流动比率=流动资产合计/流动负债合计

意义:体现企业的偿还短期债务的能力。流动资产越多,短期债务越少,则流动比率越大,企业的短期偿债能力越强。

分析提示:低于正常值,企业的短期偿债风险较大。一般情况下,营业周期、流动资产中的应收账款数额和存货的周转速度是影响流动比率的主要因素。

(2) 速动比率

公式:速动比率＝(流动资产合计－存货)/ 流动负债合计

保守速动比率＝0.8(货币资金＋短期投资＋应收票据＋应收账款净额)/ 流动负债

意义:比流动比率更能体现企业的偿还短期债务的能力。因为流动资产中,尚包括变现速度较慢且可能已贬值的存货,因此将流动资产扣除存货再与流动负债对比,以衡量企业的短期偿债能力。

分析提示:低于1的速动比率通常被认为是短期偿债能力偏低。影响速动比率的可信性的重要因素是应收账款的变现能力,账面上的应收账款不一定都能变现,也不一定非常可靠。

变现能力分析总提示:

增加变现能力的因素:可以动用的银行贷款指标;准备很快变现的长期资产;偿债能力的声誉。

减弱变现能力的因素:未作记录的或有负债;担保责任引起的或有负债。

2. 资产管理比率

(1) 存货周转率

公式:存货周转率＝产品销售成本 /［(期初存货＋期末存货)/2］

意义:存货的周转率是存货周转速度的主要指标。提高存货周转率,缩短营业周期,可以提高企业的变现能力。

分析提示:存货周转速度反映存货管理水平,存货周转率越高,存货的占用水平越低,流动性越强,存货转换为现金或应收账款的速度越快。它不仅影响企业的短期偿债能力,也是整个企业管理的重要内容。

(2) 存货周转天数

公式:存货周转天数＝360/存货周转率

＝［360＊(期初存货＋期末存货)/2］/ 产品销售成本

意义:企业购入存货,投入生产到销售出去所需要的天数。提高存货周转率,缩短营业周期,可以提高企业的变现能力。

分析提示:存货周转速度反映存货管理水平,存货周转速度越快,存货的占用水平越低,流动性越强,存货转换为现金或应收账款的速度越快。它不仅影响企业的短期偿债能力,也是整个企业管理的重要内容。

(3) 应收账款周转率

定义:指定的分析期间内应收账款转为现金的平均次数。

公式:应收账款周转率＝销售收入/［(期初应收账款＋期末应收账款)/2］

意义:应收账款周转率越高,说明其收回越快。反之,说明营运资金过多呆滞在应收账款上,影响正常资金周转及偿债能力。

分析提示:应收账款周转率,要与企业的经营方式结合考虑。以下几种情况使用该指标不能反映实际情况:第一,季节性经营的企业;第二,大量使用分期收款结算方式;第三,大量使用现金结算的销售;第四,年末大量销售或年末销售大幅度下降。

(4) 应收账款周转天数

定义:表示企业从取得应收账款的权利到收回款项、转换为现金所需要的时间。

公式:应收账款周转天数=360／应收账款周转率

=[(期初应收账款+期末应收账款)/2]／产品销售收入

(5) 营业周期

公式:营业周期=存货周转天数+应收账款周转天数

={[(期初存货+期末存货)/2]＊360}/产品销售成本+{[(期初应收账款+期末应收账款)/2]＊360}/产品销售收入

意义:营业周期是从取得存货开始到销售存货并收回现金为止的时间。一般情况下,营业周期短,说明资金周转速度快;营业周期长,说明资金周转速度慢。

分析提示:营业周期,一般应结合存货周转情况和应收账款周转情况一并分析。营业周期的长短,不仅体现企业的资产管理水平,还会影响企业的偿债能力和盈利能力。

(6) 流动资产周转率

公式:流动资产周转率=销售收入/[(期初流动资产+期末流动资产)/2]

意义:流动资产周转率反映流动资产的周转速度,周转速度越快,会相对节约流动资产,相当于扩大资产的投入,增强企业的盈利能力;而延缓周转速度,需补充流动资产参加周转,形成资产的浪费,降低企业的盈利能力。

分析提示:流动资产周转率要结合存货、应收账款一并进行分析,和反映盈利能力的指标结合在一起使用,可全面评价企业的盈利能力。

(7) 总资产周转率

公式:总资产周转率=销售收入/[(期初资产总额+期末资产总额)/2]

意义:该项指标反映总资产的周转速度,周转越快,说明销售能力越强。企业可以采用薄利多销的方法,加速资金周转,带来利润绝对额的增加。

分析提示:总资产周转指标用于衡量企业运用资产赚取利润的能力。经常和反映盈利能力的指标一起使用,全面评价企业的盈利能力。

3. 负债比率

负债比率是反映债务和资产、净资产关系的比率。它反映企业偿付到期长期债务的能力。

(1) 资产负债比率

公式:资产负债率=(负债总额／资产总额)＊100％

意义:反映债权人提供的资本占全部资本的比例。该指标也被称为举债经营比率。

分析提示:负债比率越大,企业面临的财务风险越大,获取利润的能力也越强。如果企业资金不足,依靠欠债维持,导致资产负债率特别高,偿债风险就应该特别注意了。资产负债率在60％至70％,比较合理、稳健;达到85％及以上时,应发出预警信号,企业应提起足够的注意。

(2) 产权比率

公式:产权比率=(负债总额／股东权益)＊100％

意义:反映债权人与股东提供的资本的相对比例。反映企业的资本结构是否合理、稳定。同时也表明债权人投入资本受到股东权益的保障程度。

分析提示:一般说来,产权比率高是高风险、高报酬的财务结构,产权比率低,是低风险、低报酬的财务结构。从股东来说,在通货膨胀时期,企业举债,可以将损失和风险转移给债权人;在经济繁荣时期,举债经营可以获得额外的利润;在经济萎缩时期,少借债可以减少利息负担和财务风险。

(3) 有形净值债务率

公式:有形净值债务率=[负债总额/(股东权益－无形资产净值)] * 100%

意义:产权比率指标的延伸,更为谨慎、保守地反映在企业清算时债权人投入的资本受到股东权益的保障程度。不考虑无形资产包括商誉、商标、专利权以及非专利技术等的价值,它们不一定能用来还债,为谨慎起见,一律视为不能偿债。

分析提示:从长期偿债能力看,较低的比率说明企业有良好的偿债能力,举债规模正常。

(4) 已获利息倍数

公式:已获利息倍数=息税前利润 / 利息费用

=(利润总额＋财务费用)/(财务费用中的利息支出＋资本化利息)

通常也可用近似公式:

已获利息倍数=(利润总额＋财务费用)/ 财务费用

意义:企业经营业务收益与利息费用的比率,用以衡量企业偿付借款利息的能力,也叫利息保障倍数。只要已获利息倍数足够大,企业就有充足的能力偿付利息。

分析提示:企业要有足够大的息税前利润,才能保证负担得起资本化利息。该指标越高,说明企业的债务利息压力越小。

4. 盈利能力比率

盈利能力就是企业赚取利润的能力。不论是投资人还是债务人,都非常关心这个项目。在分析盈利能力时,应当排除证券买卖等非正常项目、已经或将要停止的营业项目、重大事故或法律更改等特别项目、会计政策和财务制度变更带来的累积影响数等因素。

(1) 销售净利率

公式:销售净利率=净利润 / 销售收入 * 100%

意义:该指标反映每一元销售收入带来的净利润是多少。表示销售收入的收益水平。

分析提示:企业在增加销售收入的同时,必须要相应获取更多的净利润才能使销售净利率保持不变或有所提高。销售净利率可以分解成为销售毛利率、销售税金率、销售成本率、销售期间费用率等指标进行分析。

(2) 销售毛利率

公式:销售毛利率=[(销售收入－销售成本)/ 销售收入] * 100%

意义:表示每一元销售收入扣除销售成本后,有多少钱可以用于各项期间费用和形成盈利。

分析提示:销售毛利率是企业销售净利率的最初基础,没有足够大的销售毛利率便不能形成盈利。企业可以按期分析销售毛利率,以对企业销售收入、销售成本的发生及配比情况作出判断。

(3) 资产净利率(总资产报酬率)

公式:资产净利率=净利润/[(期初资产总额+期末资产总额)/2]*100%

意义:把企业一定期间的净利润与企业的资产相比较,表明企业资产的综合利用效果。指标越高,表明资产的利用效率越高,说明企业在增加收入和节约资金等方面取得了良好的效果,否则相反。

分析提示:资产净利率是一个综合指标。净利的多少与企业资产的多少、资产的结构、经营管理水平有着密切的关系。影响资产净利率高低的原因有:产品的价格、单位产品成本的高低、产品的产量和销售的数量、资金占用量的大小。可以结合杜邦财务分析体系来分析经营中存在的问题。

(4) 净资产收益率(权益报酬率)

公式:净资产收益率=净利润/[(期初所有者权益合计+期末所有者权益合计)/2]*100%

意义:净资产收益率反映公司所有者权益的投资报酬率,也叫净值报酬率或权益报酬率,具有很强的综合性,是最重要的财务比率。

分析提示:杜邦分析体系可以将这一指标分解成相联系的多种因素,进一步剖析影响所有者权益报酬的各个方面。如资产周转率、销售利润率、权益乘数。另外,在使用该指标时,还应结合对"应收账款""其他应收款""待摊费用"进行分析。

5. 现金流量分析

现金流量表的主要作用是:第一,提供本企业现金流量的实际情况;第二,有助于评价本期收益质量;第三,有助于评价企业的财务弹性;第四,有助于评价企业的流动性;第五,用于预测企业未来的现金流量。

(1) 流动性分析

流动性分析是将资产迅速转变为现金的能力。

①现金到期债务比

公式:现金到期债务比=经营活动现金净流量 / 本期到期的债务

本期到期债务=一年内到期的长期负债+应付票据

意义:以经营活动的现金净流量与本期到期的债务比较,可以体现企业的偿还到期债务的能力。

分析提示:企业能够用来偿还债务的除借新债还旧债外,一般应当是经营活动的现金流入才能还债。

②现金流动负债比

公式:现金流动负债比=年经营活动现金净流量 / 期末流动负债

意义:反映经营活动产生的现金对流动负债的保障程度。

分析提示:企业能够用来偿还债务的除借新债还旧债外,一般应当是经营活动的现金流入才能还债。

③现金债务总额比

公式:现金流动负债比=经营活动现金净流量/ 期末负债总额

意义:企业能够用来偿还债务的除借新债还旧债外,一般应当是经营活动的现金流入才能还债。

分析提示:计算结果要与过去比较,与同业比较才能确定高与低。这个比率越高,企业承担债务的能力越强。这个比率同时也体现企业的最大付息能力。

(2) 获取现金的能力

① 销售现金比率

公式:销售现金比率＝经营活动现金净流量／销售额

意义:反映每元销售得到的净现金流入量,其值越大越好。

分析提示:计算结果要与过去比,与同业比才能确定高与低。这个比率越高,企业的收入质量越好,资金利用效果越好。

② 每股营业现金流量

公式:每股营业现金流量＝经营活动现金净流量／普通股股数

普通股股数由企业根据实际股数填列。

企业设置的标准值:根据实际情况而定

意义:反映每股经营所得到的净现金,其值越大越好。

分析提示:该指标反映企业最大分派现金股利的能力。超过此限,就要借款分红。

③ 全部资产现金回收率

公式:全部资产现金回收率＝经营活动现金净流量／期末资产总额

意义:说明企业资产产生现金的能力,其值越大越好。

分析提示:把上述指标求倒数,则可以分析,全部资产用经营活动现金回收,需要的期间长短。因此,这个指标体现了企业资产回收的含义。回收期越短,说明资产获现能力越强。

(3) 财务弹性分析

① 现金满足投资比率

公式:现金满足投资比率＝近五年累计经营活动现金净流量／(同期内的资本支出＋存货增加＋现金股利)。

取数方法:近五年累计经营活动现金净流量应指前五年的经营活动现金净流量之和;同期内的资本支出、存货增加、现金股利之和也从现金流量表相关栏目取数,均取近五年的平均数。

资本支出,从购建固定资产、无形资产和其他长期资产所支付的现金项目中取数;存货增加,从现金流量表附表中取数。取存货的减少栏的相反数即存货的增加;现金股利,从现金流量表的主表中,分配利润或股利所支付的现金项目取数。如果实行新的企业会计制度,该项目为分配股利、利润或偿付利息所支付的现金,则取数方式为:主表分配股利、利润或偿付利息所支付的现金项目减去附表中财务费用。

意义:说明企业经营产生的现金满足资本支出、存货增加和发放现金股利的能力,其值越大越好。比率越大,资金自给率越高。

分析提示:达到1,说明企业可以用经营获取的现金满足企业扩充所需资金;若小于1,则说明企业部分资金要靠外部融资来补充。

②现金股利保障倍数

公式:现金股利保障倍数=每股营业现金流量／每股现金股利

＝经营活动现金净流量／现金股利

意义:该比率越大,说明支付现金股利的能力越强,其值越大越好。

分析提示:分析结果可以与同业比较,与企业过去比较。

③现金营运指数

公式:现金营运指数=经营活动现金净流量／经营所得现金

其中:经营所得现金=经营活动净收益＋非付现费用

=净利润－投资收益－营业外收入＋营业外支出＋本期提取的折旧＋无形资产摊销＋待摊费用摊销＋递延资产摊销

意义:分析会计收益和现金净流量的比例关系,评价收益质量。

分析提示:接近1,说明企业可以用经营获取的现金与其应获现金相当,收益质量高;若小于1,则说明企业的收益质量不够好。

2.4.4 综合性财务分析方法

对某公司某一时期的财务状况,依据财务报告及其他相关资料,运用专门技术方法加以全面、系统的分析。将一整套互为联系、相互补充的单个分析方法所得到的个别结论,通过一个综合分析系统加以概括,借以得到对一个公司财务管理各方面活动的综合结论。

常用方法有:沃尔评分法、杜邦分析体系、坐标图分析法、雷达图分析法、财务报表结构指标评价法等。

1. 沃尔评分法

(1) 沃尔评分法是指将选定的财务比率用线性关系结合起来,并分别给定各自的分数比重,然后通过与标准比率进行比较,确定各项指标的得分及总体指标的累计分数,从而对企业的信用水平作出评价的方法。1928年,亚历山大·沃尔出版的《信用晴雨表研究》和《财务报表比率分析》中提出了信用能力指数的概念,他选择了7个财务比率即流动比率、产权比率、固定资产比率、存货周转率、应收账款周转率、固定资产周转率和自有资金周转率,分别给定各指标的比重,然后确定标准比率(以行业平均数为基础),将实际比率与标准比率相比,得出相对比率,将此相对比率与各指标比重相乘,得出总评分。

(2) 沃尔评分法的步骤

首先选择7种财务比率,分别给定了其在总评价中占的比重,总和为100分。然后确定标准比率,并与实际比率相比较,评出每项指标的得分,最后求出总评分。

(3) 沃尔评分法的弱点:未能证明为什么要选择这7个指标,以及每个指标所占比重的合理性。

2. 杜邦分析评价体系

(1) 杜邦分析法利用几种主要的财务比率之间的关系来综合地分析企业的财务状况,这种分析方法最早由美国杜邦公司使用,故名杜邦分析法。杜邦分析法是一种用来评价公司赢利能力和股东权益回报水平,从财务角度评价企业绩效的一种经典方法。其基本思想是将企业净资产收益率逐级分解为多项财务比率乘积,这样有助于深入分析比较企业经营业绩。

(2) 杜邦系统图(图2.13)主要反映了几种主要的财务比率关系:

企业的获利能力涉及生产经营活动的方方面面,只有协调好系统内部各个因素之间的关系,才能使净资产报酬率得到提高,从而实现股东财富最大化的理财目标。

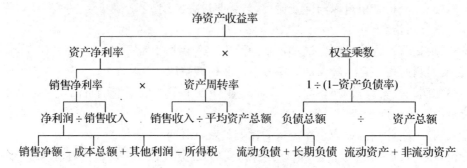

图2.13　杜邦分析体系

(3) 杜邦分析法的局限性:从企业绩效评价的角度来看,杜邦分析法只包括财务方面的信息,不能全面反映企业的实力,有很大的局限性,在实际运用中需要加以注意,必须结合企业的其他信息加以分析。主要表现在:

• 对短期财务结果过分重视,有可能助长公司管理层的短期行为,忽略企业长期的价值创造。

• 财务指标反映的是企业过去的经营业绩,衡量工业时代的企业能够满足要求。但在目前的信息时代,顾客、供应商、雇员、技术创新等因素对企业经营业绩的影响越来越大,而杜邦分析法在这些方面是无能为力的。

• 在目前的市场环境中,企业的无形知识资产对提高企业长期竞争力至关重要,杜邦分析法却不能解决无形资产的估值问题。

3. 坐标图评价法(图2.14)

利用坐标图形对公司的财务状况进行综合分析的方法。

通常以盈利能力、偿债能力为纵坐标和横坐标,将直角坐标分为四个区域,依据财务指标值所处的实际区域,对公司财务状况进行综合评价分析。

4. 雷达图分析法

(1) 雷达图分析法是对客户财务能力分析的重要工具,从动态和静态两个方面分析客户的财务状况。静态分析将客户的各种财务比率与其他相似客户或整个行业的财务比率作横向比较;动态分析,把客户现时的财务比率与先前的财务比率作纵向比较,就可以发现客户财务及经营情况的发展变化方向。雷达图把纵向和横向的分析比较方法结合起来,计算综合客户的收益性、成长性、安全性、流动性及生产性这5类指标。

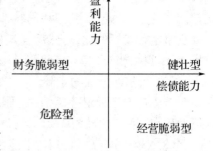

图2.14　坐标图评价法

(2) 将直角坐标图平均分出5个区域,分别表示这5个性态,并以相应的财务比率指标表示，通过计算分析对象的实际财务指标并将其标在相应的区域中，将实际指标与标准指标对比，以对公司经营成果等状况作出全面评价，如图2.15。

(3) 收益性、成长性、安全性、流动性及生产性5类具体指标如表2.3至表2.7所示。

分析收益性指标，目的在于观察客户一定时期的收益及获利能力。

表2.3 收益性指标

企业收益性指标		
收益性比率	基础含义	计算公式
1. 资产报酬率	反映企业总资产的利用效果	(净收益＋利息费用＋所得税)/平均资产总额
2. 所有者权益报酬率	反映所有者权益的回报	税后净利润/所有者权益
3. 普通股权益报酬率	反映股东权益的报酬	(净利润－优先股股利)/平均普通股权益
4. 普通股每股收益额	反映股东权益的报酬	(净利润－优先股股利)/普通股股数
5. 股利发放率	反映股东权益的报酬	每股股利/每股利润
6. 市盈率	反映股东权益的报酬	普通股每股市场价格/普通股每股股利
7. 销售利税率	反映企业销售收入的收益水平	利税总额/净销售收入
8. 毛利率	反映企业销售收入的收益水平	销售毛利/净销售收入
9. 净利润率	反映企业销售收入的收益水平	净利润/净销售收入
10. 成本费用利润率	反映企业为取得利润所付出的代价	(净收益＋利息费用＋所得税)/成本费用总额

表2.4 安全性指标

安全性比率	基本含义	计算公式
1. 流动比率	反映企业短期偿债能力和信用状况	流动资产/流动负债
2. 速动比率	反映企业立刻偿付流动负债的能力	速动资产/流动负债
3. 资产负债率	反映企业总资产中有多少是负债	负债总额/资产总额
4. 所有者(股东)权益比率	反映企业总资产中有多少是所有者权益	所有者权益/资产总额
5. 利息保障倍数	反映企业经营所得偿付借债利息的能力	(税前利润－利息费用)/利息费用

表2.5 流动性指标

流动性比率	基本含义	计算公式
总资产周转率	反映全部资产的使用效率	销售收入/平均资产总额
固定资产周转率	反映固定资产的使用效率	销售收入/平均固定资产总额
流动资产周转率	反映流动资产的使用效率	销售收入/平均流动资产总额
应收账款周转率	反映年度内应收账款的变现速度	销售收入/平均应收账款
存货周转率	反映存货的变现速度	销售成本/平均存货

表 2.6 成长性指标

成本性比率	基本含义	计算公式
1. 销售收入增长率	反映销售收入变化趋势	本期销售收入/前期销售收入
2. 税前利润增长率	反映税前利润变化趋势	本期税前利润/前期税前利润
3. 固定资产增长率	反映固定资产变化趋势	本期固定资产/前期固定资产
4. 人员增长率	反映人员变化趋势	本期职工人数/前期职工人数
5. 产品成本降低率	反映产品成本变化趋势	本期产品成本/前期产品成本

表 2.7 生产性指标

生产性比率	基本含义	计算公式
1. 人均销售收入	反映企业人均销售能力	销售收入/平均职工人数
2. 人均净利润	反映企业经营管理水平	净利润/平均职工人数
3. 人均资产总额	反映企业生产经营能力	资产总额/平均职工人数
4. 人均工资	反映企业成果分配状况	工资总额/平均职工人数

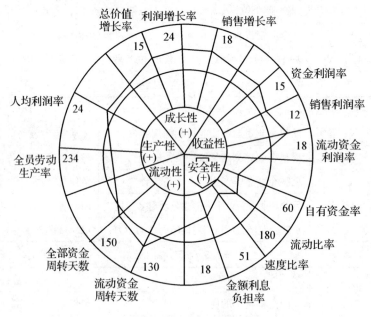

图 2.15 雷达分析图

第三章 经营决策中的博弈理论

3.1 博弈论的概念和发展

1. 什么是博弈论

博弈论又被称为对策论(Games Theory),是研究具有斗争或竞争性质现象的理论和方法,它既是现代数学的一个新分支,也是运筹学的一个重要学科。

2. 博弈论的发展

博弈论思想古已有之,我国古代的《孙子兵法》不仅是一部军事著作,而且算是最早的一部博弈论专著。博弈论最初主要研究象棋、桥牌、赌博中的胜负问题,人们对博弈局势的把握只停留在经验上,没有向理论化发展,正式发展成一门学科则是在20世纪初。1928年冯·诺伊曼证明了博弈论的基本原理,从而宣告了博弈论的正式诞生。1944年,冯·诺伊曼和摩根斯顿共著的划时代巨著《博弈论与经济行为》将二人博弈推广到n人博弈结构并将博弈论系统应用于经济领域,从而奠定了这一学科的基础和理论体系。谈到博弈论就不能忽略博弈论天才纳什,纳什的开创性论文《n人博弈的均衡点》(1950),《非合作博弈》(1951)等,给出了纳什均衡的概念和均衡存在定理。此外,塞尔顿、哈桑尼的研究也对博弈论发展起到推动作用。今天博弈论已发展成一门较完善的学科。

3.2 博弈的基本概念

1. 博弈要素

(1) 局中人:在一场竞赛或博弈中,每一个有决策权的参与者成为一个局中人。只有两个局中人的博弈现象称为"两人博弈",而多于两个局中人的博弈称为"多人博弈"。

(2) 策略:一局博弈中,每个局中人都有选择实际可行的完整的行动方案,即方案不是某阶段的行动方案,而是指导整个行动的一个方案,一个局中人的一个可行的自始至终全局筹划的一个行动方案,称为这个局中人的一个策略。如果在一个博弈中局中人都总共有有限个策略,则称为"有限博弈",否则称为"无限博弈"。

(3) 得失:一局博弈结局时的结果称为得失。每个局中人在一局博弈结束时的得失,不仅与该局中人自身所选择的策略有关,而且与全局中人所取定的一组策略有关。所以,一局博弈结束时每个局中人的"得失"是全体局中人所取定的一组策略的函数,通常称为支付(payoff)函数。

(4) 对于博弈参与者来说,存在着一博弈结果。

(5) 博弈涉及均衡:均衡是平衡的意思,在经济学中,均衡即相关量处于稳定值。在供求关系中,某一商品市场如果在某一价格下,想以此价格买此商品的人均能买到,而想卖的人均能卖出,此时我们就说,该商品的供求达到了均衡。所谓纳什均衡,它是一稳定的博弈结果。

2. 纳什均衡(Nash Equilibrium)

1950年和1951年纳什的两篇关于非合作博弈论的重要论文,彻底改变了人们对竞争和市场的看法。他证明了非合作博弈及其均衡解,并证明了均衡解的存在性,即著名的纳什均衡,从而揭示了博弈均衡与经济均衡的内在联系。纳什的研究奠定了现代非合作博弈论的基石,后来的博弈论研究基本上都沿着这条主线展开。然而,纳什天才的发现却遭到冯·诺伊曼的断然否定,在此之前他还受到爱因斯坦的冷遇。但是骨子里挑战权威、藐视权威的本性,使纳什坚持了自己的观点,终成一代大师。要不是30多年的严重精神病折磨,恐怕他早已站在诺贝尔奖的领奖台上了,而且也绝不会与其他人分享这一殊荣。

在一策略组合中,所有的参与者面临这样一种情况,当其他人不改变策略时,他此时的策略是最好的。也就是说,此时如果他改变策略他的支付将会降低。在纳什均衡点上,每一个理性的参与者都不会有单独改变策略的冲动。纳什均衡点存在性证明的前提是"博弈均衡偶"概念的提出。所谓"均衡偶"是在二人零和博弈中,当局中人A采取其最优策略a*,局中人B也采取其最优策略b*,如果局中人仍采取b*,而局中人A却采取另一种策略a,那么局中人A的支付不会超过他采取原来的策略a*的支付。这一结果对局中人B亦是如此。

这样,"均衡偶"的明确定义为:一对策略a*(属于策略集A)和策略b*(属于策略集B)称之为均衡偶,对任一策略a(属于策略集A)和策略b(属于策略集B),总有:偶对(a,b*)≤偶对(a*,b*)≤偶对(a*,b)。

对于非零和博弈也有如下定义:一对策略a*(属于策略集A)和策略b*(属于策略集B)称为非零和博弈的均衡偶,对任一策略a(属于策略集A)和策略b(属于策略集B),总有:对局中人A的偶对(a,b*)≤偶对(a*,b*);对局中人B的偶对(a*,b)≤偶对(a*,b*)。

有了上述定义,就立即得到纳什定理:

任何具有有限纯策略的二人博弈至少有一个均衡偶。这一均衡偶就称为纳什均衡点。

纳什定理的严格证明要用到不动点理论,不动点理论是经济均衡研究的主要工具。通俗地说,寻找均衡点的存在性等价于找到博弈的不动点。

纳什均衡点概念提供了一种非常重要的分析手段,使博弈论研究可以在一个博弈结构里寻找比较有意义的结果。

但纳什均衡点定义只局限于任何局中人不想单方面变换策略,而忽视了其他局中人改变策略的可能性,因此,在很多情况下,纳什均衡点的结论缺乏说服力,研究者们形象地称之为"天真可爱的纳什均衡点"。

塞尔顿(R·Selten)在多个均衡中剔除一些按照一定规则不合理的均衡点,从而形成了两个均衡的精炼概念:子博弈完全均衡和颤抖的手完美均衡。

3. 博弈的类型

(1) 合作博弈——研究人们达成合作时如何分配合作得到的收益,即收益分配问题。

(2) 非合作博弈——研究人们在利益相互影响的局势中如何选决策使自己的收益最大,即策略选择问题。

(3) 完全信息不完全信息博弈:参与者对所有参与者的策略空间及策略组合下的支付有充分了解称为完全信息;反之,则称为不完全信息。

(4) 静态博弈和动态博弈

静态博弈:指参与者同时采取行动,或者尽管有先后顺序,但后行动者不知道先行动者的策略。

动态博弈:指双方的行动有先后顺序并且后行动者可以知道先行动者的策略。

4. 博弈的标准式与扩展式

当博弈过程以树形图表示时,我们称之为扩展式(Extensive form)。在这种模式中,树形图的每一树枝节点代表了一种战略选择。与此不同,另一种以数字矩阵表示的分析方法称为标准式(Normal form)。

5. 博弈论的意义

博弈论的研究方法和其他许多利用数学工具研究社会经济现象的学科一样,都是从复杂的现象中抽象出基本的元素,对这些元素构成的数学模型进行分析,而后逐步引入对其形势产生影响的其他因素,从而分析其结果。

基于不同抽象水平,形成三种博弈表述方式,标准型、扩展型和特征函数型,利用这三种表述形式,可以研究形形色色的问题。因此,它被称为"社会科学的数学"。从理论上讲,博弈论是研究理性的行动者相互作用的形式理论,而实际上正深入到经济学、政治学、社会学等,被各门社会科学所应用。

3.3 典型的博弈案例

3.3.1 尼姆游戏

1. 游戏背景

设有三枚硬币排成两行,第一行一枚硬币,第二行两枚硬币。

两个人进行游戏,轮流拿硬币,每人每次至少取走一枚硬币。

在每轮游戏中,选手只能从一行上拿走任意个数的硬币,不允许在两行中挑选硬币,最后一次拿硬币的人为赢家。

基于规则要求,游戏参与者的目标就是让对手在最后一轮不得不留下一枚硬币。假如你是先拿硬币的一方,你将如何拿取?

2. 尼姆游戏的决策树表示

假定尼姆游戏的两个参与者是小刘和小赵,小刘开始第一个轮次。两个选手的策略可以用图3.1的决策树来表示。第一轮,小刘将看到三枚硬币,她可以做出三种选择:

- 从第一行拿走一枚硬币
- 从第二行拿走一枚硬币

- 从第二行拿走两枚硬币。

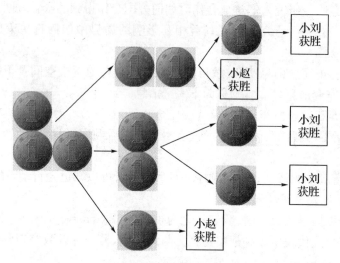

图 3.1 尼姆游戏的决策树

3. 进一步的思考

如果是三行硬币的时候(图 3.2),又应该如何决策?

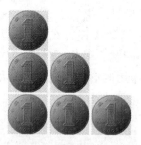

图 3.2 三行硬币的尼姆游戏

3.3.2 电影中的约翰·纳什问题

在电影《美丽心灵》(*A Beautiful Mind*)中,约翰·纳什深入剖析了金发女郎问题,并由此获得诺贝尔奖。金发女郎问题背景如下:

A. 有两个或两个以上的男士。

B. 有多个魅力十足的女士,且女士性感而至少比男士要多出一人。

C. 这其中有一位金发女郎,是人见人爱的大美女。

D. 在这么多的性感的女士中,男士们最喜欢的是这位金发女郎大美女,不过有女伴总比无人陪伴要好。

如果所有的男士都去追求这位金发女郎,他们就会面临遭到拒绝的下场,同时,还会惹恼其他魅力十足的性感女士,结果这些男士,没有找到自己的女伴,这是非常坏的选择。男士们考虑到这样的结果会出现,对追求金发女郎没有了胆量,只好把金发女郎忘掉,转而追求其他女士,这样比较现实的男士们,个个都不会空手而归。如果能追到金发女郎收益是其他女士的两倍,反之则是零。通过实验,奇怪的是金发女郎没有收到任何男士邀请,而男士们虽然有了女伴,但内心并不满意,因为,他们没有预期的收益。

为了简化这一例子,我们将其看作标准式下的双人博弈,如表 3.1 所示。

表 3.1 金发女郎博弈标准式

金发女郎博弈		约翰	
		追求金发女郎	追求其他女士
贾哈德	追求金发女郎	0,0	2,1
	追求其他女士	1,2	1,1

3.3.3 囚徒困境博弈(Prisoners' dilemma)

在博弈论中,含有占优战略均衡的一个著名例子是由塔克给出的"囚徒困境"博弈模型。该模型用一种特别的方式为我们讲述了一个警察与小偷的故事。假设有两个小偷 A 和 B 联合犯事、私入民宅被警察抓住。警方将两人分别置于不同的两个房间内进行审讯,对每一个犯罪嫌疑人,警方给出的政策是:如果一个犯罪嫌疑人坦白了罪行,交出了赃物,于是证据确凿,两人都被判有罪。如果另一个犯罪嫌疑人也作了坦白,则两人各被判刑 8 年;如果另一个犯罪嫌疑人没有坦白而是抵赖,则以妨碍公务罪(因已有证据表明其有罪)再加刑 2 年,而坦白者有功被减刑 8 年,立即释放。如果两人都抵赖,则警方因证据不足不能判两人的偷窃罪,但可以私入民宅的罪名将两人各判入狱 1 年。表 3.2 给出了这个博弈的支付矩阵。

表 3.2 囚徒困境博弈

囚徒困境		囚徒 B	
		坦白	抵赖
囚徒 A	坦白	−8,−8	0,−10
	抵赖	−10,0	−1,−1

我们来看看这个博弈可预测的均衡是什么。对 A 来说,尽管他不知道 B 作何选择,但他知道无论 B 选择什么,他选择"坦白"总是最优的。显然,根据对称性,B 也会选择"坦白",结果是两人都被判刑 8 年。但是,倘若他们都选择"抵赖",每人只被判刑 1 年。在表 3.2 中的四种行动选择组合中,(抵赖,抵赖)是帕累托最优的,因为偏离这个行动选择组合的任何其他行动选择组合都至少会使一个人的境况变差。不难看出,"坦白"是任一犯罪嫌疑人的占优战略,而(坦白,坦白)是一个占优战略均衡。

3.3.4 "智猪博弈"(Pigs' payoffs)

1. 案例

这个例子讲的是:猪圈里有两头猪,一头大猪,一头小猪。猪圈的一边有个按钮,每踩一下按钮,在远离按钮的猪圈的另一边的投食口就会落下少量的食物。如果有一只猪去踩按钮,另一只猪就有机会抢先吃到另一边落下的食物。当小猪踩动按钮时,大猪会在小猪跑到食槽之前刚好吃光所有的食物;若是大猪踩动了按钮,则还有机会在小猪吃完落下的食物之前跑到食槽,争吃到另一半残羹。

那么,两只猪各会采取什么策略?答案是:小猪将选择"搭便车"策略,也就是舒舒服服地等在食槽边;而大猪则为一点残羹不知疲倦地奔忙于按钮和食槽之间。

原因何在?因为,小猪踩按钮将一无所获,不踩按钮反而能吃上食物。对小猪而言,无论大猪是否踩动按钮,不踩按钮总是好的选择。反观大猪,已明知小猪是不会去踩动按钮的,自己亲自去踩按钮总比不踩强吧,所以只好亲力亲为了。

2. 标准式分析

假设猪圈里有两头猪,一头大猪,一头小猪,猪圈的一端有一个猪食槽,另一端安装了一个按钮,控制猪食的供应。按一下按钮,将有8个单位的猪食进入猪食槽,供两头猪食用。两头猪面临选择的策略有两个:自己去按按钮或等待另一头猪去按按钮。如果某一头猪作出自己去按按钮的选择,它必须付出如下代价:第一,它需要收益相当于两个单位的成本;第二,由于猪食槽远离猪食,它将比另一头猪后到猪食槽,从而减少吃食的数量。

假定:若大猪先到(小猪按按钮),大猪将吃到7个单位的猪食,小猪只能吃到1个单位的猪食;若小猪先到(大猪场按按钮),大猪和小猪各吃到4个单位的猪食;若两头猪同时到(两头猪都选择等待,实际上两头猪都吃不到猪食),大猪吃到5个单位的猪食,小猪吃到3个单位的猪食。

分析如图 3.3 至图 3.6 所示。

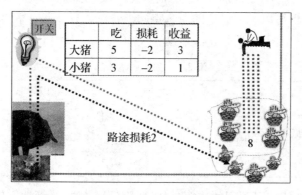

图 3.3　大猪小猪一起按按钮

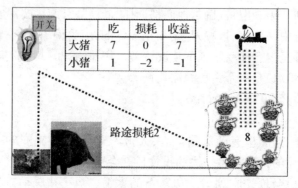

图 3.4　小猪按按钮

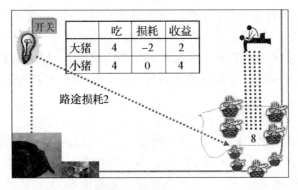

图 3.5 大猪按按钮

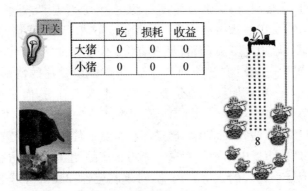

图 3.6 大猪小猪都不按按钮

表 3.3 智猪博弈标准式

智猪博弈		小猪	
		按按钮	等待
大猪	按按钮	3, 1	2, 4
	等待	7, −1	0, 0

3. 智猪博弈的启示

"小猪躺着大猪跑"的现象是由于故事中的游戏规则所导致的。规则的核心指标是：每次落下的食物数量和按钮与投食口之间的距离。

如果改变一下核心指标，猪圈里还会出现同样的"小猪躺着大猪跑"的景象吗？试试看。

改变方案一：减量方案。投食仅原来的一半分量。结果是小猪大猪都不去踩按钮了。小猪去踩，大猪将会把食物吃完；大猪去踩，小猪将也会把食物吃完。谁去踩按钮，就意味着为对方贡献食物，所以谁也不会有踩按钮的动力了。

如果目的是想让猪们去多踩按钮，这个游戏规则的设计显然是失败的。

改变方案二：增量方案。投食为原来的一倍分量。结果是小猪、大猪都会去踩按钮。谁想吃，谁就会去踩按钮。反正对方不会一次把食物吃完。小猪和大猪相当于生活在物质相对丰富的"共产主义"社会，所以竞争意识不会很强。

对于游戏规则的设计者来说,这个规则的成本相当高(每次提供双份的食物);而且因为竞争不激烈,想让猪们去多踩按钮的效果并不好。

改变方案三:减量加移位方案。投食仅原来的一半分量,但同时将投食口移到按钮附近。结果呢,小猪和大猪都在拼命地抢着踩按钮。等待者不得食,而多劳者多得。每次的收获刚好消费完。

对于游戏设计者,这是一个最好的方案。成本不高,但收获最大。

原版的"智猪博弈"故事给了竞争中的弱者(小猪)以等待为最佳策略的启发。但是对于社会而言,因为小猪未能参与竞争,小猪搭便车时的社会资源配置的并不是最佳状态。为使资源最有效配置,规则的设计者是不愿看见有人搭便车的,政府如此,公司的老板也是如此。而能否完全杜绝"搭便车"现象,就要看游戏规则的核心指标设置是否合适了。

比如,公司的激励制度设计,奖励力度太大,又是持股,又是期权,公司职员个个都成了百万富翁,成本高不说,员工的积极性并不一定很高。这相当于"智猪博弈"增量方案所描述的情形。但是如果奖励力度不大,而且见者有份(不劳动的"小猪"也有),一度十分努力的大猪也不会有动力了——就像"智猪博弈"减量方案一所描述的情形。最好的激励机制设计就像改变方案三——减量加移位的办法,奖励并非人人有份,而是直接针对个人(如业务按比例提成),既节约了成本(对公司而言),又消除了"搭便车"现象,能实现有效的激励。

许多人并未读过"智猪博弈"的故事,但是却在自觉地使用小猪的策略。股市上等待庄家抬轿的散户;等待产业市场中出现具有赢利能力新产品、继而大举仿制牟取暴利的游资;公司里不创造效益但分享成果的人等。因此,对于制定各种经济管理的游戏规则的人,必须深谙"智猪博弈"指标改变的道理。

3.3.5 博弈对于经营决策的启示

- 营销工作中要更多地进行换位思考,考虑竞争者的想法。
- 加强与合作者的信息沟通,并使合作者的毁约成本足够高。
- 在信息充分的情况下再考虑决策以使自己获得的收益最大。

3.4 生活中的博弈

从"纳什均衡"的普遍意义中我们可以深刻领悟司空见惯的经济、社会、政治、国防、管理和日常生活中的博弈现象。我们将列举出许多类似于"囚徒的两难处境"这样的例子。如价格战、军备竞赛、污染等。一般的博弈问题由三个要素所构成:即局中人(Players)又称当事人、参与者的集合,策略(Strategies)集合以及每一对局中人所做的选择和赢得(Payoffs)集合。其中所谓赢得是指如果一个特定的策略关系被选择,每一局中人所得到的效用。所有的博弈问题都会遇到这三个要素。

1. 价格战博弈

现在我们经常会遇到各种各样的家电价格大战,彩电大战、冰箱大战、空调大战、微波炉大战……这些大战的受益者首先是消费者。每当看到一种家电产品的价格大战,百姓都会"没事儿偷着乐"。在这里,我们可以解释厂家价格大战的结局也是一个"纳什均衡",而且价格战的结果是谁都没钱赚。因为博弈双方的利润正好是零。竞争的结果是稳定的,即是一个"纳什均衡"。这个结果可能对消费者是有利的,但对厂商而言是灾难性的。所以,价格战对厂商而言意味着自杀。从这个案例中我们可以引申出两个问题,一是竞争削价的结果或"纳什均衡"可能导致一个有效率的零利润结局。二是如果不采取价格战,作为一种敌对博弈论(Rivalry game)其结果会如何呢?每一个企业,都会考虑采取正常价格策略,还是采取高价格策略形成垄断价格,并尽力获取垄断利润。如果垄断可以形成,则博弈双方的共同利润最大。这种情况就是垄断经营所做的,通常会抬高价格。另一个极端的情况是厂商用正常的价格,双方都可以获得利润。从这一点,我们又引出一条基本准则:"把你自己的战略建立在假定对手会按其最佳利益行动的基础上"。事实上,完全竞争的均衡就是"纳什均衡"或"非合作博弈均衡"。在这种状态下,每一个厂商或消费者都是按照所有的别人已定的价格来进行决策。在这种均衡中,每一企业要使利润最大化,消费者要使效用最大化,结果导致了零利润,也就是说价格等于边际成本。在完全竞争的情况下,非合作行为导致了社会所期望的经济效率状态。如果厂商采取合作行动并决定转向垄断价格,那么社会的经济效率就会遭到破坏。这就是为什么WTO和各国政府要加强反垄断的意义所在。

2. 污染博弈

假如市场经济中存在着污染,但政府并没有管制的环境,企业为了追求利润的最大化,宁愿以牺牲环境为代价,也绝不会主动增加环保设备投资。按照看不见的手的原理,所有企业都会从利己的目的出发,采取不顾环境的策略,从而进入"纳什均衡"状态。如果一个企业从利他的目的出发,投资治理污染,而其他企业仍然不顾环境污染,那么这个企业的生产成本就会增加,价格就要提高,它的产品就没有竞争力,甚至企业还要破产。这是一个"看不见的手的有效的完全竞争机制"失败的例证。直到20世纪90年代中期,我国乡镇企业的盲目发展造成严重污染的情况就是如此。只有在政府加强污染管制时,企业才会采取低污染的策略组合。企业在这种情况下,获得与高污染同样的利润,但环境将更好。

3. 贸易自由与壁垒

任何一个国家在国际贸易中都面临着保持贸易自由与实行贸易保护主义的两难选择。贸易自由与壁垒问题,也是一个"纳什均衡",这个均衡是贸易双方采取不合作博弈的策略,结果使双方因贸易战受到损害。X国试图对Y国进行进口贸易限制,比如提高关税,则Y国必然会进行反击,也提高关税,结果谁也没有捞到好处。反之,如X和Y能达成合作性均衡,即从互惠互利的原则出发,双方都减少关税限制,结果大家都从贸易自由中获得了最大利益,而且全球贸易的总收益也增加了。

第四章 团队组建游戏

4.1 管理游戏在经营决策模拟中的应用

在所有的经营决策模拟教学中，首先一点是学生团队的组建。教学中，团队组建方式很多，借鉴管理培训中团队组建的形式。在经营决策模拟教学中，也可以引入管理游戏的方式，通过破冰、融合、分享等形式让学生更快地融入到团队中去。

管理游戏在教学过程中的渲染气氛、感悟理念、掌握技巧等方面的作用是显而易见的。但是在管理游戏中如何引导和把握学生和学生的互动、教师与学生的互动是至关重要的，它将直接影响管理游戏实施的效果。

以下四种方法和实施要领将有助于游戏在培训中发挥更好的效果。

（1）提问：提问在管理游戏中是不可忽视的一种方法。首先，教师在宣布游戏规则后，一定要对游戏规则的理解度向学生进行提问，对疑问处逐一解释清楚。其次，在游戏进行过程中，通过观察，如发现偏离游戏规则之处，应通过提问，确认情况，给予及时辅导。最后，在游戏结束分享时，提问的方法最关键。有经验的教师是从来不会把答案直接告诉学生的，而是通过设计精辟的问题，让学生自己领悟寻找答案。换言之，在游戏结束时，你想要学生知道小结内容，通过提问，让学生用自己的话说出来。

（2）小组讨论：小组讨论是在管理游戏中应用较多的互动方式。一般游戏方案的制定、游戏阶段性小结、游戏结果的分享，都是通过小组讨论的方法加以实施。小组讨论的时间把握很重要，通常在 10 至 20 分钟左右。在小组讨论互动中，应要求组长引导，把控时间。另要求专人用大白报纸或投影片进行要点记录，以便大组分享。

（3）大组分享：大组分享与小组讨论经常是合并使用的一种互动方式，一般是安排在小组讨论后面。让每个小组派代表上台演讲小组讨论结果，每人时间一般把握在 3 分钟左右，对演讲精彩之处，应给予掌声鼓励；对演讲的闪光点，应加以发挥和总结。大组分享交流需注意的是要点提炼和时间把控两方面的问题。

（4）角色扮演：多数管理游戏具有角色扮演的安排。通常情况下，教师应事先准备好角色说明书。角色的产生一般用主动报名方式，不宜采用教师点名的方式，以避免出现尴尬场面。角色产生后，教师应酌情给予必要的辅导。随后，给角色扮演者几分钟的准备时间。在角色表演过程中，教师应安排若干观察员，并要求观察员记录观察结果。在表演结束后，先由表演者自己谈感想，然后由观察员给予赞赏性和建设性两方面反馈，最后由教师进行总结性辅导。在有条件的场所，还可以把角色扮演的过程，用摄像机拍摄下来。让扮演者自己观看总结。

4.2 破冰游戏

破冰游戏可以令学员打开话匣子,以打破沉闷的气氛,让学生有机会彼此深入认识,拉近大家的距离,并培养出小组合作精神。但由于时间关系,这些游戏仍以分享为主,很少能兼顾增进团队(小组)合作精神又能培养小组成员之间的感情。

4.2.1 大树与松鼠

适合人数:10人以上

材料及场地:无

适用对象:所有学生

时间:5至10分钟

操作程序

(1) 事先分组,三人一组。二人扮大树,面对对方,伸出双手搭成一个圆圈;一人扮松鼠,并站在圆圈中间;培训师或其他没成对的学员担任临时人员。

(2) 培训师喊"松鼠",大树不动,扮演"松鼠"的人就必须离开原来的大树,重新选择其他的大树;培训师或临时人员就临时扮演松鼠并插到大树当中,落单的人应表演节目。

(3) 培训师喊"大树",松鼠不动,扮演"大树"的人就必须离开原先的同伴重新组合成一对大树,并圈住松鼠,培训师或临时人员就应临时扮演大树,落单的人应表演节目。

(4) 培训师喊"地震",扮演大树和松鼠的人全部打散并重新组合,扮演大树的人也可扮演松鼠,松鼠也可扮演大树,培训师或其他没成对的人亦插入队伍当中,落单的人表演节目。

4.2.2 瞎子走路

游戏方法:两人一组(如A和B)

A先闭上眼将手交给B,B可以虚构任何地形或路线,口述注意事项指引A进行。

如:向前走……迈台阶……跨东西……向左或右拐……

然后交换角色,B闭眼,A指引B。

分析:

(1) 通过体验,让队员体会信任与被信任的感觉。

(2) 作为被牵引的一方,应全身心信赖对方,大胆遵照对方的指引行事;而作为牵引者应对伙伴的安全负起全部责任,对一举一动的指令均应保证正确、清楚。另外万一指令有错,信任很难重建。

4.3 团队对抗游戏

4.3.1 记忆考验

简述:随着越来越多要记的东西,试试自己可不可以

人数:不限

场地:不限

适合范围:刚认识或不认识的人

游戏方法:

(1) 全部人围成一圈,从第一个人开始说"今天吃了一个AA"(AA为随意食物名!)

(2) 接着第二个接着说,吃了一个AA,一个BB……(BB不同的食物名!)

(3) 像这样一直传下去,每传一个人就必须重复前面的食物名,另加一个新的食物名。

(4) 一直到有人中途讲错出局!

4.3.2 踩报纸

游戏方法:

参加游戏人员在6至10人,在规定的时间站到打开的报纸上,(特别说明,全部的脚不能站出报纸的边界),老师进行计时,要求每次站立必须达到30秒,在30秒内如果有人脚在报纸外,判失败。

每组选择站立多少人由各组自行商量后决定,每组站立人数之和为该组本轮得分。

第一轮结束后,将报纸对折,重复以上程序。经过2至3轮,以得分最高者为胜出组。

分析:

解决问题的思路要突破限制,要敢于尝试、大胆想象,并善于总结,发挥团队的力量,同时也要求每个组长具有领导能力和判断能力,排除不可行的方案。

4.3.3 踢足球

形式:6个人一个小组为最佳

类型:指导、帮助其他组员学习技能

时间:15分钟

材料及场地:每组一个龙门及一个足球,在空地进行

适用对象:参加领导力训练的全体人员

活动目的:用于说明在指导下属或同事工作或交代任务时所需要的技巧。

操作程序:培训师把龙门及足球发给小组,龙门与射球的地方相隔8米,而后给小组10分钟的练习时间,之后进行比赛。每组要踢10个球,每人至少要有1次的踢球机会。进球最多的小组为胜组。

相关讨论:

(1) 你们小组是否具有这方面的技巧,如果有成员在这方面比其他成员更有优势,那么这些成员怎样教其他人也具备这方面的技巧?

(2) 不懂执行这一任务的组员们,你们当时怎样想,自己用什么方法来完成任务,是否有学习的欲望,向其他组员学习有没有障碍,这些障碍是什么?

第五章 企业竞争模拟

5.1 关于 Bizsim

Bizsim 是英文词组 Business Simulation(商业模拟)的缩写,是赛创新港(北京)科技有限公司和北京大学创新研究院、北京大学光华管理学院联合开发的企业竞争模拟系统。该系统融合了北京大学教授二十余年的企业管理研究成果和举办全国性比赛的经验。Bizsim 软件基于互联网,采用最新的技术进行开发,使用和维护非常方便而高效。

企业竞争模拟能训练学生在变化多端的经营环境里,面对多个竞争对手,正确制定企业的决策,达到企业的战略目标。企业竞争模拟能让学生全面、灵活地运用管理学的知识,如生产管理、市场营销、财务管理等学科知识,以及预测、优化等方法,考察学生的分析、判断和应变能力,并能培养团队合作的精神。企业竞争模拟所具有的直观性、趣味性、竞争性、实用性是其他课堂教学形式难以比拟的。

在竞争模拟中要把学生分成多个小组,每组代表一个企业。模拟按期进行。各公司在期初要制订本期的决策,包括生产、运输、市场营销、财务管理、人力资源管理、研究开发、战略发展等方面,并在规定时间内按要求输入计算机。软件根据各公司的决策,依据模拟的市场需求决定各公司的销售量,各公司可以即时看到模拟结果。然后,各公司再根据所处的状况,做出下一期的决策,直到模拟结束,一个比较完整的模拟过程一般需要 6 至 8 期。在每期模拟结束时,软件会按照多种经营指标对各公司进行排序。在整个模拟结束后,要按照多项指标加权平均评出竞争模拟的优胜者。

5.2 基本操作

5.2.1 注册登录

第一次使用系统,需要注册一个公司账户。图 5.1 注册只需要提供一个登录用的电子邮件地址、公司名称和密码即可。

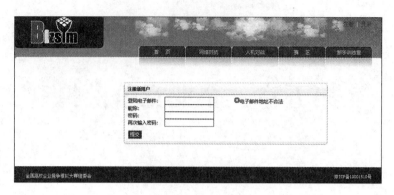

图 5.1 注册界面

注册完后,系统会用刚建立的账号自动登录。图 5.2 以后再次使用系统时只需要输入电子邮件地址和密码。

图 5.2 登录界面

登录后,用户可以看到导航栏,包括首页、我的比赛、人机对战、赛区和联系我们几个菜单。

5.2.2 参加比赛

用户可以参加两种类型的比赛——人机对战和普通比赛。

需要创建人机对战或者参加普通比赛都需要先"建立团队"或者加入其他团队

点击"建立团队",出现如下界面,图 5.3、图 5.4、图 5.5 输入团队名称。

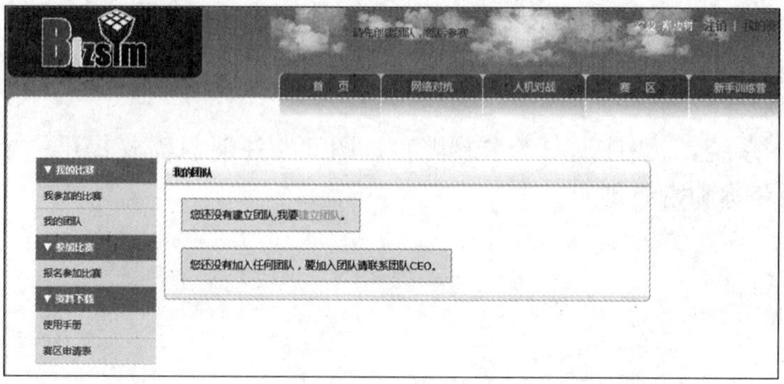

图 5.3 团队建立

第五章 企业竞争模拟

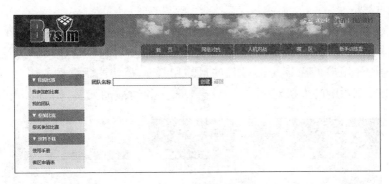

图 5.4　创建团队名称

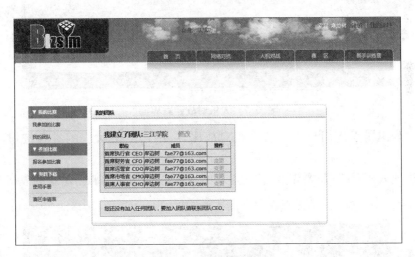

图 5.5　团队创建完成

团队名称可以再做修改，创建团队之时，默认的 CFO、COO、CMO、CHO 为 CEO 本人，点击"变更"即可以通过输入其他注册账号的方式邀请他人成为本团队成员。图 5.6

图 5.6　团队名称修改

1. 人机对战

人机对战就是用户代表的公司和计算机代表的公司进行比赛。计算机采用系统预先设定的决策,用户可以每次调整自己的决策,来使自己公司的经营业绩超过计算机。人机对战主要是为了让用户了解 Bizsim 软件的目的和原理,尽快熟悉操作方法。

用户点击导航栏中的人机对战菜单,就会打开人机对战的列表,如图 5.7:

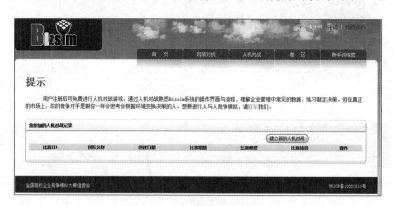

图 5.7 人机对战建立界面

该列表列出属于该用户的所有人机对战比赛,用户点击对应的进入按钮,即可进入比赛。

初次进入人机对战,需要先点击"建立新的人机对战"按钮,来创建新的人机对战比赛,如图 5.8:

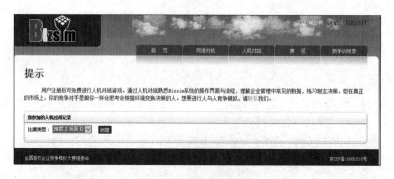

图 5.8 比赛类型设置

建立人机对战比赛时,可以选择不同的难度和场景。其中难度是比赛的复杂度。难度 1 是最简单的,只有两种产品和两个市场。难度 9 是最复杂的,有四种产品和四个市场。建议开始使用低难度来练习。每个难度都有几个不同的场景,不同的场景里,比赛会有不同的初始设置和参数等。

点击"创建"按钮,就创建人机比赛了。创建的过程可能需要几秒钟,创建完成后,进入人际对战决策操作界面。

返回主页点击人机对战菜单,可以看到刚创建的比赛在人机对战的比赛列表里。

2. 普通比赛

点击导航栏中的赛区菜单,可以浏览系统上存在的所有赛区。图 5.9

第五章 企业竞争模拟

图 5.9 赛区信息

点击赛区名称,即可进入赛区,看到赛区下的所有比赛:图 5.10。

图 5.10 比赛信息

点击比赛的"报名加入"按钮,即可报名参加比赛。如果管理员对比赛设置了密码,需要填入正确的密码才能成功加入;如果管理员没有对比赛设置密码,则报名后需等待管理员审批加入;或者由管理员在管理后台直接输入参赛团队 CEO 账号快速添加。

如果是未登录状态点击赛区菜单,不会显示"报名加入"按钮。

点击导航栏"我的比赛"菜单,可以看到自己已经报名的比赛。如果管理员已经开始了比赛,就可以点击"进入比赛"按钮进入比赛。

5.2.3 模拟操作

模拟时间按季度来算,系统里用一期来表示一个季度。每个季度公司都需要进行一次决策。决策包括产品的采购、生产、运输、销售、工人的招聘和解雇、现金管理等企业管理中常见的决策。

进入到比赛页面后,左侧菜单有控制中心、制定战略、制定决策、公共报表、内部报表、市场信息和模拟规则等。

控制中心:用于显示比赛的总体信息,如比赛名称、比赛的期数、本公司的当前排名、虚拟公司的职能分工及决策导航等,见图5.11所示。

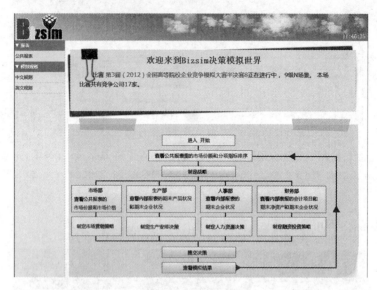

图 5.11　控制中心

制定战略:在正式开始比赛前,公司团队需要共同商议战略规划,如公司口号、团队文化、经营战略、市场份额目标、销售价格定位、广告促销费用等。通过制定战略,能让团队更加明白企业的定位和发展策略,见图5.12所示。

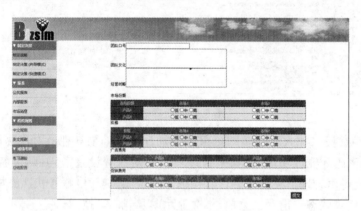

图 5.12　制定战略

制定决策:制定企业的采购、生产、运输、销售、人力、财务等决策。制定决策有两种模式:向导式的"初级模式"和表单式的"专家模式"。

公共报表:显示所有企业都能看到的市场公开信息,如市场价格、市场份额、分项指标排序、主要指标、收入发展趋势、成本发展趋势、利润发展趋势、纳税发展趋势、分红发展趋势、净资产发展趋势、综合评分发展趋势等,见图5.13所示。

第五章 企业竞争模拟

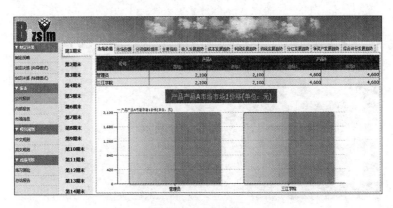

图 5.13 公共报表

内部报表：显示只有本企业管理人员才能看到的企业内部信息，如会计报表、产品状况、时间序列表等，见图 5.14 所示。

图 5.14 内部报表

市场消息：市场上可能发生的一些随机事件消息。

5.3 制定决策

制定决策有两种方式，向导式（初级模式）和表单式（专家模式）。向导式的界面更加友好，把决策分成销售，运输，生产，人力资源和财务等几部分。通过友好的向导式界面来引导用户完成决策过程。

表单式的决策填写方式适用于熟练用户，不需要向导。可以一次填写和看到所有的决策数据。

5.3.1 新手模式和专家模式

1. 新手模式

"初级模式"中，左下角的框内显示了企业的现金、购买的国债、发行的债券数、工人数、机器数和原材料数等信息。右下角有几个图标分别表示了需要做的一些决策：产品销售价格、产品运输、生产计划、人工安排、财务管理等。图 5.15

图 5.15　企业基本信息

点击产品价格图标会出现一个产品定价的决策单。用户需要给每个产品在每个市场进行定价。图 5.16

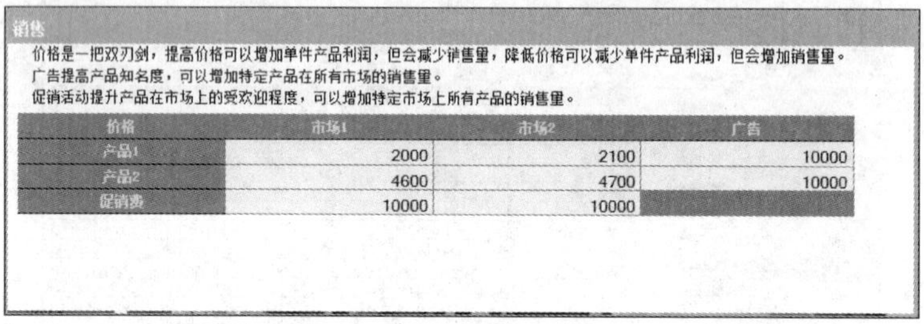

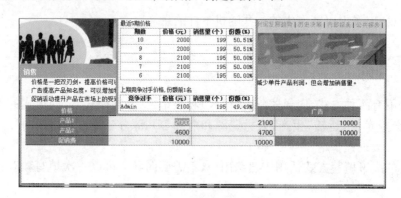

图 5.16　产品价格制定

把光标移到价格数字地方,还会出来一个提示框,里面会给出自己给该产品的历史价格,以及竞争对手的定价。提示可以帮助用户制定决策。图 5.17

图 5.17　系统辅助决策

2. 专家模式

"专家模式"的决策适合于对系统很熟悉的用户。公司的所有的决策项目都显示在一个表单里。用户把所需要的数据都填写完后,就可以提交决策。图 5.18

将光标停留在任意的决策空格中,均会有相关提示,也可选择关闭提示。

第五章 企业竞争模拟

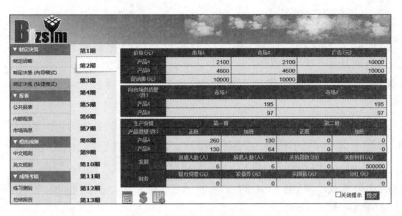

图 5.18 模拟决策提交界面

在"专家模式"决策单中的最下方有几个决策辅助按钮，如生产安排辅助、现金流量计算辅助等。

在决策单中制定完决策以后点击"提交"按钮即提交决策，可多次提交决策，以最后一次提交为准。

决策提交后，会显示销售收入前的所有现金收支项目，如果出现不可行决策项目，会以醒目的红色字体提示具体的不可行之处，既可帮助学生检验现金收支计算，又可有效避免提交不可行决策。

5.3.2 查看结果

提交决策后，比赛的管理员可以在管理页面开始模拟。模拟结束后，参赛者就可以查看模拟结果。模拟结果的内容分为公共信息和内部信息。

1. 公共报表

公共报表是市场上所有公司的公开信息。这些信息是所有参赛公司都能看到的信息。包括各公司各产品在不同市场的价格、市场份额、收入、成本、利润、净资产等数据。图 5.19

图 5.19 公司公共信息

市场价格：市场价格信息包括参加比赛的所有公司在各市场给不同产品的定价。参赛者可以通过分析竞争对手的定价来决定自己的定价。同时参赛者还可以查看市场价格的历史数据，也就是前几期的价格数据。

市场份额：公开信息数据还包括市场份额，也就是各参赛公司不同产品在不同市场的市场份额。

分项指标排序：分项指标排序包括各参赛公司在一些不同指标的业绩排序。例如不同产品，在不同市场上各公司的市场占有率的排序、工人数、机器数、债券、工资系数、累计研发、累计分红、净资产、人均利润率、资本利润率和综合评分等方面的排序。

主要指标：主要指标包括各公司的本期收入、本期成本、本期利润、累计纳税、累计分红、期末现金、净资产、综合分等。

收入、成本、利润、纳税、分红、净资产和综合评分发展趋势：收入、成本、利润、纳税、分红、净资产和综合评分发展趋势包括各公司在这些方面的历史发展趋势数据。也就是从开始模拟第一期到当前期的所有数据。

2. 内部报表

内部报表包括参赛者公司内部的信息。这些信息只有参赛公司自己能看到。内部报表包括公司会计项目、期末净资产、期末产品状况、期末企业状况、时间序列等数据。

公司会计项目：公司会计项目包括一些常用的公司会计项目数据，例如还债券本金、利息、工人工资、购买原材料、广告费、销售收入、纳税等。

期末净资产：期末净资产给出公司在期末的所有资产构成，包括现金、机器、材料、产品库存、债务等。

期末企业状况：期末企业状况给出公司在期末各项资产和指标的数值和排名。

时间序列数据：时间序列数据，按分项给出所有模拟过的数据序列，用于进行统计分析，特别是对需求影响因素的分析。

3. 市场消息

"系统"列出各期可能发生的市场消息，以及是否真正造成了影响。用户在制定每期决策时，可以看到本期可能会发生的市场消息。但制定决策时还不能确定事情是否发生。系统会指出每个消息"可能""很可能"等发生大致概率。用户自己决定制定决策时是否受到影响。该期模拟结束后，消息是否发生才会发布。

5.4 管理员操作

管理员可以建立比赛，并对赛区进行管理等操作。

5.4.1 创建比赛

管理员登录过程和一般用户登录一样。登录后，如果账号有赛区管理员的权限，在左侧菜单列表中会比普通用户界面多一个赛区管理栏，具有"新建比赛"和"我建立的比赛"两个子菜单。

点击"新建比赛"，即开始创建新的比赛。图 5.20

第五章 企业竞争模拟

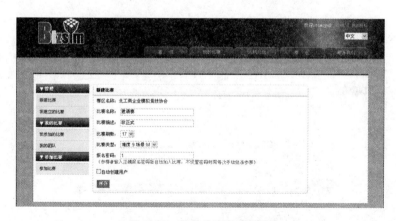

图 5.20　新建比赛信息设置

建立比赛需要填写比赛名称、描述、比赛期数、比赛类型和报名密码。比赛期数建议采用 10 期以上，前 8 期可在比赛开始的时候自动模拟，以便参赛者有足够的历史数据来分析。比赛类型是比赛的难度和场景。比赛难度从 1 到 9。1 级难度最低，9 级难度最大。每个难度还有一个对应的场景。每个场景对应的比赛参数不同。

是否设置报名密码由赛区管理员根据实际情况选择，若设置报名密码的话，参赛者需要密码报名，并且在报名时只有输入正确密码才能报名成功。不设置密码的话，任何人都可以报名，需要管理员在后台手工同意或拒绝参赛者的报名。

创建比赛主要有两种模式：

一种是设置密码，管理员将本赛区的参赛密码发给各参赛团队，参赛团队登录后点击左侧的"参加比赛"或者导航栏中的"赛区"找到相应的赛区点击"报名加入"，会弹出一个密码输入框。输入管理员派发的密码即可实现报名成功。

一种是不设置密码，参赛者报名加入后，由管理员在"我建立的比赛"中选择相应的比赛"进入管理"。图 5.21

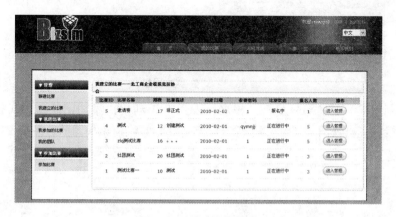

图 5.21　创建比赛模式

进入相应的比赛管理界面以后，在"比赛管理中"手动确认同意或拒绝。或者参赛者无需报名，可由管理员将注册账号快速添加。图 5.22

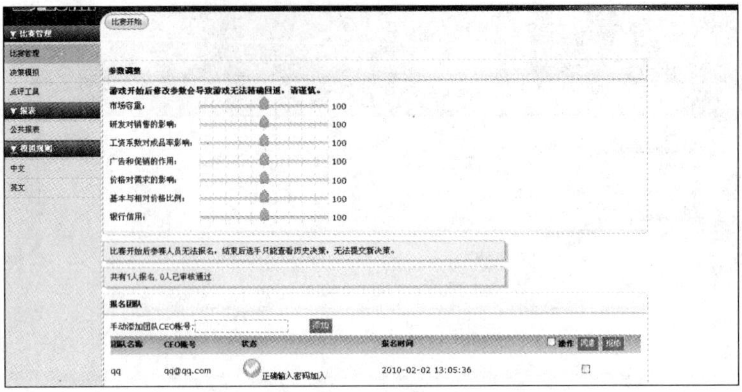

图 5.22 管理比赛团队

注意：参加比赛的账号必须是创建了团队或者加入了某团队。

5.4.2 比赛管理

"比赛管理"的控制面板上分为参数调整、添加团队和报名选手确认两部分。其中参数调整是用来调整比赛中的参数，可以使得即使是同一个难度、同一个场景的比赛，其参数也不同。可以调整的参数包括：市场容量、研发对销售的影响、工资系数对成品率的影响、广告和促销的作用、价格对需求的影响、基本与相对价格的比例、银行信用等。

注意：参数调整请在比赛开始前调整。比赛开始后再调整的话，比赛结束后就无法精确回退到前几期了。

滑动对应参数的标尺就可以调整参数，如图 5.23 所示：

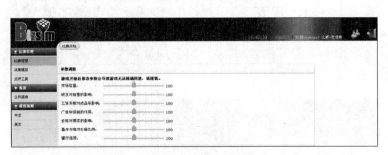

图 5.23 比赛参数调整

比赛控制面板的下半部分显示了报名情况以及手动快速添加团队窗口。管理员可在该窗口中直接输入已注册的团队 CEO 账号，点击"添加"快速添加团队。图 5.24

图 5.24 添加团队

在参数调整上方有一个"比赛开始"按钮,比赛开始后,按钮变成"比赛结束"。完成所有模拟后,管理员可以点击比赛结束按钮来结束比赛。比赛结束后,选手就无法再提交决策。

只有比赛开始后管理员才能进行赛区的初始设置,参赛选手同时能进入赛区查看数据,赛区初始设置完成后,即可开始正式比赛。

5.4.3 决策模拟

比赛开始后,参赛选手就可以开始提交决策。但一般建议管理员先自动或手动模拟前 8 期。以提供足够的历史数据,以便参赛选手来分析市场和行业环境,并制定决策。点击左侧菜单的"决策模拟",可以看到模拟的面板。面板最上方是"自动模拟前 8 期"按钮。点击该按钮,就可以自动模拟前 8 期。

若选择手动模拟前 8 期历史数据,具体操作为:

点击"切换用户"在其中选择一个用户,并为其制定决策。图 5.25

图 5.25 切换用户

然后在"决策模拟"中点击"检查决策",点击"复制到其他决策",然后点击"模拟",即可完成一期的初始模拟,如此操作 8 期即可。图 5.26

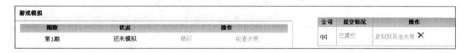

图 5.26 决策模拟

管理员可根据需要设定历史状况,但一般的初始模拟原则为:

第一期直接模拟,第二期撤掉产品 1、2 的研发费用;以后各期的模拟需要在某一期只更改价格,某一期只更改广告,某一期只更改促销,某一期只更改工资系数,某一期什么都不改变,另外就是综合改动。以此便于同学们分析研究价格、广告、促销、产品等级与需求的关系,以及市场的自然变化以及工资系数与正品率之间的关系等。

初始模拟完成之后,就可以让参赛选手开始提交决策。所有选手提交决策后,管理员就可以开始模拟下一期。在"决策模拟"面板上,可以看到所有期数和对应的状态和操作。点击"检查决策"可以看到是否所有人都提交决策了。同时还可以,把一个选手的决策复制到所有其他选手。这个功能主要是用于手动模拟前 8 期初始状况用。

公司	提交情况	决策拷贝
tsinghua	已提交	复制到其他决策
test	已提交	复制到其他决策
heng n	已提交	复制到其他决策
YUAN	已提交	复制到其他决策
sl5	已提交	复制到其他决策

如果有人没有提交决策的话,点击模拟操作会提示有人没提交,管理员仍可以开始模拟。没有提交决策的选手,系统将默认他上一期的决策。管理员点击模拟操作来开始模拟,模拟一般只需要几秒时间。模拟结束后,参赛选手可查看模拟结果和开始制定下期决策。

所有的期数都模拟完后,管理员回到比赛管理面板,点击"比赛结束"按钮来结束比赛。

5.4.4 点评工具

点评工具主要是为了辅助管理员对整个赛况进行分析与点评,通过数据和图形综合展示各企业的销售需求比例、销售供货比例、现金发展、机器利用率、工人利用率、库存发展、运输与产量比、机器数、工人数、原材料数等。

第六章　ERP 物理沙盘模拟

6.1　ERP 物理沙盘模拟介绍

ERP 沙盘是一门理论与实践集于一体的综合性课程。在学习过程中,可以清晰地看到模拟企业的信息流、物流及资金流的流动和相互作用,看到公司管理信息的产生、加工、传递和运用。在课程的模拟训练过程中,无论胜负都会给学生留下深刻的印象,胜利者会有成功的喜悦,失败者则会在遗憾中领悟出很多企业生产运作的真谛及管理经营哲理,从而使学生达到巩固知识、积累经验和发挥创新思维的目的。

6.1.1　ERP 沙盘

ERP 沙盘,是企业资源规划(Enterprise Resource Planning)沙盘的简称,即利用实物沙盘直观、形象地展示企业的内部资源和外部资源。通过 ERP 沙盘可以展示企业的主要物质资源,包括厂房、设备、仓库、库存物料、资金、订单、合同等各种内部资源,还可以展示包括企业上下游的供应商、客户和其他合作组织,甚至为企业提供各种服务的政府管理部门和社会服务部门等外部资源。一般来说,ERP 沙盘展示的重点是企业内部资源。

6.1.2　ERP 沙盘实训内容及意义

ERP 沙盘实训是以企业中战略规划、资金筹集、市场营销、产品研发、生产组织、物资采购、设备投资与改造、财务核算与管理等为主线,把企业经营所处的内外环境抽象为一系列的规则,由受训学生组成多个相互竞争的沙盘企业,在一定的市场环境下,模拟企业连续多年的经营,融理论与实践于一体、集角色扮演与岗位体验于一身的综合实践过程。

ERP 沙盘模拟实训涉及企业经营管理的所有内容,主要表现在以下几个方面。

1. 整体战略方面

训练学生如何评估内部资源与外部环境,制定长、中、短期策略;如何预测市场趋势,调整既定战略。

ERP 沙盘模拟实训引导学生在整个实训过程中,进行 6 年或更长时间的经营,在经营过程中,锻炼学生进行企业战略规划的能力,学生要根据市场预测的发展趋势、竞争对手情况,制订企业年度计划及 6 年或更长的整体目标规划。在企业经营过程中,根据市场变化、竞争环境变化来调整企业战略,以取得竞争优势。

2. 产品研发方面

训练学生如何制订产品研发决策;如何根据市场变化、产品生命周期,做出修改研发计划,甚至中断项目决定。

沙盘实训涉及 4 个产品，其中 3 个要进行研发，取得生产资质后才能投产。这就要求沙盘企业对产品的研发进行决策，根据市场、竞争对手情况，以及企业的实力选择开发。对不同生命周期的产品考虑不同的组合。产品研发规则模拟现实企业状况，允许对研发计划进行修改和调整，甚至必要时中断研发计划。

3. 生产方面

训练如何选择获取生产能力的方式（购买或租赁）；设备更新与生产线改良；全盘生产流程调度决策；匹配市场需求、交货期和数量及设备产能；库存管理及产销配合；以及必要时选择清偿生产能力的方式。

实训中对企业产能的建设以及生产计划，提出较高的训练要求。沙盘企业模拟经营中，有四种设备类型供选择，不同的设备类型有不同的生产周期、不同的购置成本及设备安装周期等。这就要求学生训练时学会使用有效的管理工具，严格计算产能，以保证能够匹配市场需求及交货期的要求。在设备投资及改造中，要考虑设备投资回收期、投资成本及后续的维护和使用成本等多方面的因素进行决策，从而实现对生产流程的全盘规划及调度决策。

4. 市场营销方面

训练如何订市场开发决策，新产品开发、产品组合与市场定位决策；模拟在市场中短兵相接的竞标过程；刺探同行敌情，抢攻市场，建立并维护市场地位，以及必要时做退出市场决策。

实训中共有 5 个市场可以供沙盘企业开发拓展。4 个产品 5 个市场就是 20 个细分市场，如何选择细分市场，是采用专业化策略还是采用全面进入，这都是企业需要根据内部资源及外部竞争对手情况进行决策的。多个沙盘企业在同样的市场环境下，谁掌握更多的信息谁就占据优势。因此，商业间谍、营销人员需要刺探竞争对手的情况，抢夺有利的市场并维护市场地位，放弃、退出没有潜力的市场。

5. 财务方面

训练如何制订投资计划，评估应收账款金额与回收期；预估长、短期资金需求，寻求资金来源；掌握资金来源与用途，妥善控制成本；洞悉资金短缺前兆，以最佳方式筹措资金；分析财务报表、掌握报表重点与数据含义；运用财务指标进行内部诊断，协助管理决策；如何以有限资金转亏为盈、创造高利润；编制财务报表、结算投资报酬、评估决策效益。

实训要求学生在沙盘企业经营过程中，制订企业投资计划，评估应收账款金额与回收期，进行现金流的预测，预估企业的长、短期资金需求，寻求资金来源，掌握预算的方法制订最理想的筹措资金方法；熟练使用企业多种财务表格（利润表、资产负债表、产品核算表、费用明细表等）和财务分析报告，掌握报表的重点和数据含义，运用杜邦分析及财务指标对沙盘企业经营进行诊断，协助管理决策。帮助企业运用有限资金实现最大化的盈利、创造企业财富。

6. 团队协作与沟通方面

实地学习如何在立场不同的各部门沟通协调；培养不同部门人员的共同价值观与经营理念；建立以整体利益为导向的组织。

实训中每个沙盘企业由 5 至 6 人组成，分别担任沙盘企业经营过程中需要的主要管理人员。沙盘企业成员分别担任不同的工作,同时代表不同的部门。为了顺利完成工作,如何有效地与他人沟通及协作、提高效率、达成共识是每个参与者面临的共同问题。

6.1.3 角色分配及团队的组建

ERP沙盘实训是利用ERP沙盘介质,模拟完成企业经营的关键环节,课程将把参加训练的学生分成若干组,每组5至6人。每组代表不同的虚拟公司,在整个训练中,每个小组成员将分别担任公司中的重要职位:总裁(CEO)、财务总监(CFO)、营销总监(CMO)、运营总监(COO)、采购总监(CLO),人数较多时可增加信息总监(CIO)、财务助理、商业间谍等角色。

1. 总裁(CEO)

CEO的主要职责包括:对公司的一切重大经营运作事项进行决策,如财务状况、经营方向、业务范围等;参与董事会决策,执行董事会决议,主持公司日常业务活动,如对外签订合同或处理业务,对内任免公司高层管理人员,定期向董事会报告业务情况,提交年度报告;还包括树立、巩固或变更企业文化,团队建设等。

沙盘实训中CEO角色最主要责任就是决策——沙盘企业所有主要决策均由总裁带领团队成员共同决定,若大家意见不统一,最终由CEO拍板。

2. 财务总监(CFO)

CFO职责:日常财务记账和登账,向税务部门报税,提供财务报表,日常现金管理,企业融资策略制定,成本费用控制,资金调度与风险管理,财务制度与风险管理,财务分析与协助决策。

沙盘实训中CFO角色就是与钱打交道——涉及现实企业中会计和财务两个方面的职能,主要工作包括管理好现金流,按需求支付各种费用、核算成本,按时报送财务报表并做好财务分析;进行现金预算、采用有效方式筹集资金,将资金成本控制到较低水平。

3. 营销总监(CMO)

CMO职责:市场调查分析,市场进入策略,品种发展策略,广告宣传策略,制定销售计划,争取订单与谈判,签订合同与过程控制,按时发货应收账款管理,销售绩效分析。

沙盘实训中CMO负责开拓市场与销售管理——制订市场开发计划、销售计划,做市场预测分析,广告费用投入,参加订货会,选择订单(可以兼任商业间谍),销售产品。

4. 运营总监(COO)

COO职责:产品研发管理,管理体系认证,固定资产投资,编制生产计划,平衡生产能力,生产车间管理,产品质量保证,成品库存管理,产品外协管理。

沙盘实训中COO主要对生产活动负责——购买或租赁厂房,选择并建立生产线,研发产品,组织生产与管理库存。

5. 采购总监(CLO)

CLO职责:编制采购计划,与供应商谈判,签订采购合同,监控采购过程,到货验收,仓储管理,采购支付抉择,与财务部协调,与生产部门协同。

沙盘实训中CLO主要与物资相关——制订采购计划,选择合适的时间点、合适的物资品种和合适的数量,以保障生产的正常运行。

6. 信息总监(CIO)

关心企业信息化建设,在后期的企业全面信息化过程中发挥重要的作用。可以将沙盘经营数据在 ERP 软件中实现,达到对企业经营管理模拟与 ERP 实务间综合实训的目的。

6.2　ERP 沙盘课程特色

1. 生动有趣、体验实战

在目前的学历教育中,一般的管理课程都是以"理论＋案例"为主,理论比较枯燥,而案例虽以当前的各个实际企业的管理问题为例,但学生很难有切身感受。因此学生无法把管理有关的理论知识迅速掌握并应用到实际工作中。而通过沙盘模拟课程进行培训,就能将学生置身于各个模拟企业中,自己去经营和管理,通过学生亲身体会和感受,增强了娱乐性,使枯燥的课程变得生动有趣。有人说,游戏是人生的抽象。人可以在游戏中学会怎样生活,怎样与他人相处,怎么适应并利用世界上的种种规则,在这个过程中确立自己的人格。沙盘模拟课程正是通过游戏进行模拟,激起参与者的竞争热情,使学生学会收集、加工和利用信息,积累管理经验,为学生步入社会做好铺垫。

2. 直观体验、团队合作

ERP 沙盘模拟对抗课程剥开了经营理念的复杂外表,直探企业经营实质,将企业组织结构和管理的全部操作展示在模拟沙盘上,把复杂、抽象的经营管理理论以最直观的方式让学生体验和学习。完整生动的视觉感受极大地激发了学生的学习兴趣,增强了学生的学习能力。ERP 沙盘课程是互动式课程。当参与者在游戏过程中对决策产生了不同观点时,需要团队成员们不停地进行商议和探讨,进而增强了他们的沟通技能,学会如何以团队的方式进行工作。因此,ERP 沙盘课程的学习不仅增长了学生们的才智,也提升了他们的情商。

3. 提高素质、全面升华

在以往的课程学习中,学生学到的知识只是停留在书本上,由于客观因素的限制,无法将所学的知识加以运用。通过这门课程的实际操作,可以把学生的才智充分体现出来,把平时学习中尚存疑问的决策带到课程中印证,模拟企业全面的经营管理,学生有机会参与企业经营的重大决策。并在整个的课程中,通过经营产生的效果来检验学生的能力,使学生的知识得到全面的、系统的提升和发挥,并通过团队合作的方式使学生提高了沟通能力,看到协同工作的重要性。

6.3　ERP 物理沙盘实训

6.3.1　EEP 沙盘教具

沙盘盘面:代表一个沙盘企业,涉及生产中心、营销与规划中心、财务中心、物流中心等功能区域。多年模拟经营过程在盘面上完成。

空桶:可以代表银行贷款(每桶 20M),也可以代表订单个数(个),也是承装灰币、彩币的容器。

灰币代表资金,每个1M(图6.1)。

图6.1 空桶与灰币

彩币:代表原料,R1红色、R2橙色、R3蓝色、R4绿色(图6.2)。

图6.2 原料(供应商)

产品标识:P1,P2,P3,P4(图6.3)。

图6.3 产品标识

产品生产资格标识:P1生产资格,P2生产资格,P3生产资格,P4生产资格(图6.4)。

图6.4 产品生产资格标识

生产线标识:手工生产线、半自动生产线、全自动生产线、柔性生产线(图6.5)。

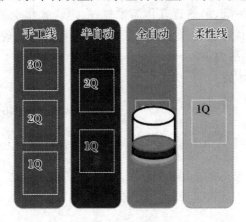

图6.5 生产线标识

ISO标识:ISO9000,ISO14000(图6.6)。

图6.6 ISO认证标识

市场准入标识:本地市场准入、区域市场准入、国内市场准入、亚洲市场准入、国际市场准入(图6.7)。

图6.7 市场准入标识

订单:4种产品5个市场6年的订单。

桶架:承装空桶与非空桶。

6.3.2 基本情况描述

1. 公司发展与股东期望。

本企业长期以来一直专注于某行业P产品的生产与经营,目前生产的P1产品在本地市场知名度很高,客户也很满意。同时企业拥有自己的厂房,生产设施齐备,状态良好。

最近,一家权威机构对该行业的发展前景进行了预测,认为P产品将会从目前的相对低水平发展为一个高技术产品。

为此,公司董事会及全体股东决定将企业交给一批优秀的新人去发展,他们希望新的管理层——投资新产品的开发,使公司的市场地位得到进一步提升;开发本地市场以外的其他新市场,进一步拓展市场领域;扩大生产规模,采用现代化生产手段,努力提高生产效率。

2. 产品市场的需求预测

P1产品由于技术水平低,虽然近几年需求较旺,但未来将会逐渐下降。P2产品是P1的技术改进版,虽然技术优势会带来一定增长,但随着新技术出现,需求最终会下降。P3、P4为全新技术产品,发展潜力很大。

6.3.3 初始状态的设定

1. 人员分组与职能定位

小组成员:

公司总裁CEO、运营总监COO、财务总监CFO、营销总监CMO、采购总监CLO(图6.8)。

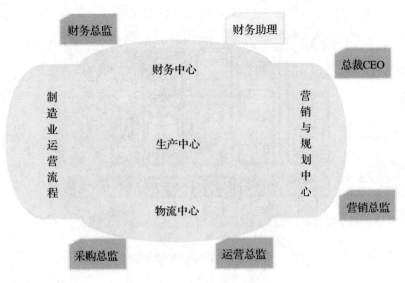

图 6.8 人员定位

2. 生产中心

(1) 在制品 8M

在制品指处于加工过程中、尚未完工入库的产品。

(2) 大厂房(40M)

企业目前拥有(自购)大厂房。财务总监将等值资金用桶放好放置于大厂房价值处。大厂房中有 3 条手工生产线、一条半自动生产线,每条生产线上各有 1 个 P1 产品。

(3) 生产设备(13M)

目前有 3 条手工生产线和 1 条半自动生产线。扣除折旧后,手工生产线账面价值为 3M,半自动生产线账面价值为 4M。财务总监取 4 个空桶,分别放入 3M、3M、3M、4M,并放置于生产线下方的"生产线净值"处。

手工生产线有 3 个生产周期,靠近原料库的为第一周期,3 条手工生产线上的 3 个 P1 在制品分别位于第一、第二、第三周期。半自动生产线有 2 个周期,P1 在制品位于第一周期。

(4) 每个 P1 产品成本由 R1 原料费用 1M 和加工费 1M,取 1 个空桶放置 1 个 R1 原料(红色币)和 1 个加工费(灰币)构成 1 个 P1 产品。生产总监、采购总监配合制作 4 个 P1 在制品并摆放到生产线上相应位置。

3. 物流中心

(1) 成品 6M

P1 成品库有 3 个成品,生产总监、采购总监和财务总监配合制作 3 个 P1 成品摆放到 P1 成品库(图 6.9)。

(2) 原料 3M

R1 原料库中有 3 个原料。采购总监取 3 个空桶,每个空桶中分别放置 1 个 R1 原料,并摆放到 R1 原料库。已经向供应商采购的订货有 R1 原料 2 个,采购总监将 2 个空桶放置于 R1 原料订单处(图 6.10)。

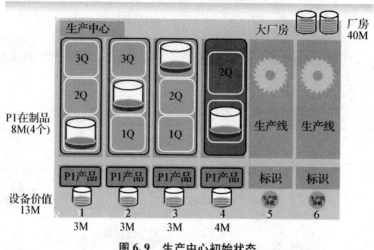

图6.9 生产中心初始状态

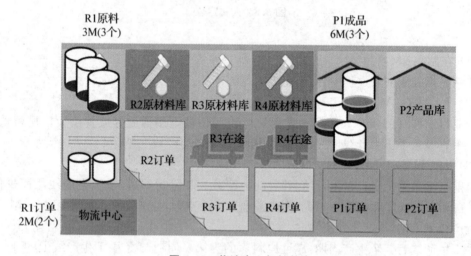

图6.10 物流中心初始状态

4. 财务中心

负债40M,包括长期负债、短期负债及各项应付项目。

(1) 长期负债40M

企业目前有长期负债共40M,分别于第四和第五年到期。财务总监将2个空桶分别置于第四、第五年位置。

提示：

表示负债的空桶每一个代表20M;

对长期负债而言,沙盘盘面上纵列代表年度,离现金库最近的为第一年;对短期贷款而言,沙盘盘面上纵列代表季度,离现金库最近的为第一季度;

如果以高利贷方式融资,可以用倒置的空桶表示,于短期贷款处放置。

(2) 现金20M

财务总监在现金库放一满桶灰币(20M)

(3) 应收账款 15M

财务总监将一空桶 15 个灰币,放置应收账款 3 期(图 6.11)。

提示:账期的单位是季度,离现金库最近的为 1 账期,最远为 4 账期。

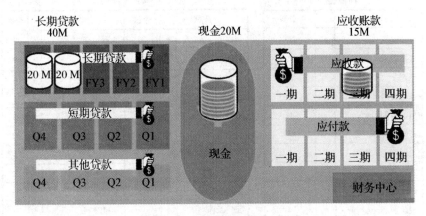

图 6.11　财务中心初始状态

5. 营销与规划中心

营销与规划中心拥有本地市场准入资格和 P1 产品市场资格。

营销总监在 P1 生产资格和本地市场准入处分别放置 P1 市场资格和本地市场准入标识(图 6.12)。

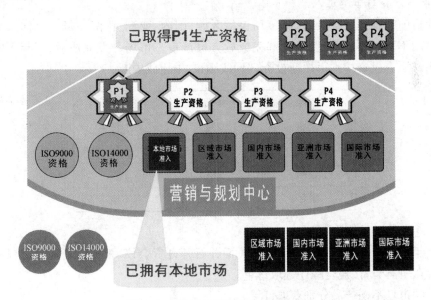

图 6.12　营销与规划中心初始状态

6.3.4 企业财务状况（图6.13）

企业目前的财务状况及经营成果

利润表		单位：百万
		金额
销售收入	+	35
直接成本	-	12
毛利	=	23
综合费用	-	11
折旧前利润	=	12
折旧	-	4
支付利息前利润	=	8
财务收入/支出	+/-	4
额外收入/支出	+/-	
税前利润	=	4
所得税	-	1
净利润	=	3

资产负债表					单位：百万
资产		金额	负债+权益		金额
现金	+	20	长期负债	+	40
应收款	+	15	短期负债	+	0
在制品	+	8	应付款	+	0
成品	+	6	应交税	+	1
原料	+	3	一年到期的长贷	+	0
流动资产合计	=	52	负债合计	=	41
固定资产			**权益**		
土地和建筑	+	40	股东资本	+	50
机器和设备	+	13	利润留存	+	11
在建工程	+	0	年度净利	+	3
固定资产合计	=	53	所有者权益合计	=	64
总资产		105	负债+权益	=	105

图6.13 初始财务报表

6.3.5 企业运营规则

1. 市场划分与市场准入

企业目前在本地市场经营，新市场包括区域、国内、亚洲、国际市场。不同市场投入的费用及时间不同，只有市场投入全部完成后方可接单。市场开发完成后，每年不需要另付维护费用。所有投资均不得加速投资，但可以随时中止或中断。

市场	开拓费用	开拓时间
区域	1M	1年
国内	2M	2年
亚洲	3M	3年
国际	4M	4年

(1) 订货会议与订单争取。

每年年初各企业的销售经理与客户见面并召开订货会议，根据市场地位、市场投入、市场需求及竞争态势，按规定程序领取订单。

以不同市场不同产品分别获取订单。

第一，比较同一市场同一产品投入的广告额，根据广告投入额最多的优先取得选取订单权，其次第二选取订单，以此类推；

第二，若该市场该产品的广告投入数相同，那么比较该市场的所有产品的广告额，谁多谁先挑选订单；

第三，若该市场广告投入总额相等，那么比较所有市场所有产品投入的广告额，谁多谁先挑选订单；

第四，若所有市场的广告投入额还相等，那么比较去年所有市场所有产品的广告投入额，谁多谁先挑选订单，以此类推。

第五，再相同采用招标。

（2）每年的市场竞单方式一样，没有市场老大。

（3）竞单的广告数填写在各组上报数据的表格中，竞单结束后由老师收走每组的广告费。

（4）广告投入必须现金支付。

2. 市场模板与订单条件

市场开拓完成后可取得相应的市场模板，通过ISO认证后可选择进行ISO广告投入，广告投入应分配到每个具体的市场和产品。有ISO要求的订单必须有相应的资质及ISO广告投入后方可接单。普通订单可在当年任一季度交货，年底必须全部交货。加急订单必须在第一季度交货。出现逾期交货时，必须先将逾期的订单交完货后方可再交其他订单，逾期订单在交货时按该订单销售额的75%结算货款。每张订单必须全额交货。

3. 厂房购买、租赁与出售

年底决定厂房是购买还是租赁，购买后将购买价放在厂房价值处，厂房不提折旧，租赁厂房每年年末支付租金，厂房可随时出售，出售后将出售价放在账期为4Q的应收账款处。

厂房	购价	租金	售价	容量
A	40M	4M/年	40M(4Q)	6条生产线
B	30M	3M/年	30M(4Q)	4条生产线

4. 生产线购买、调整与维护

新生产线的购买价格按周期平均支付，全部投资到位后方可投入使用，投资到位后当季度开始下一批生产。年末时，转入固定资产的生产线每条支付1M的设备维护费，当年售出的生产线不交维护费。生产线必须无在制品方可售出。设备折旧按照下列表格规则计算，出售设备按残值计价，收到的现金计入额外收入。当年新增固定资产不提折旧。生产线不可以更换厂房。所有投资均不得加速投资，但可以随时中止或中断。

生产线	购买价	安装周期	生产周期	转产周期	转产费用	维护费用	出售残值
手工线	5	无	3Q	无	无	1M/年	1M
半自动	8	2Q	2Q	1Q	1M	1M/年	2M
全自动	15	3Q	1Q	1Q	4M	1M/年	3M
柔性线	20	4Q	1Q	无	无	1M/年	4M

生产线折旧：

生产线	购买价	残值	折旧额				
			建成1年	建成2年	建成3年	建成4年	建成5年
手工线	5	1M	0	1M	1M	1M	1M
半自动	8	2M	0	2M	2M	1M	1M
全自动	15	3M	0	3M	3M	3M	3M
柔性线	20	4M	0	4M	4M	4M	4M

5. 产品生产与原材料采购

用空桶表示原材料订货，将其放在相应的采购订单区域内。根据采购订单接受相应原料入库，并按规定付款。开始生产时将原料放在生产线上并支付加工费，每条生产线同一时刻只能生产一个产品。生产产品根据BOM清单投入相应的原料。R3、R4采购订单必须分2季度完成。原材料可以买卖。

产品	手工线	半自动	全自动/柔性线
P1	1M	1M	1M
P2	2M	1M	1M
P3	3M	2M	1M
P4	4M	2M	1M

产品原材料、加工费、成本：

产品	原材料	原料价值
P1	R1	1M
P2	R1+R2	1M+1M
P3	2R2+R3	2*1M+1M
P4	R2+R3+2R4	1M+1M+2*1M

原料采购必须在每季度接受采购订单原材料入库时收款。用空桶表示应付账款。在空桶中放入写有应付款额的小纸条。

原料采购（每个原材料价格1M）		账期
每次采购某个品种原材料	5个以下	现金
	6~10个	1Q
	11~15个	2Q
	16~20个	3Q
	20个以上	4Q

材料采购：

原材料	订单提前期
R1(红色)	1Q
R2(橙色)	1Q
R3(蓝色)	2Q
R4(绿色)	2Q

6. 产品研发与管理体系论证

新产品研发投资按季度支付，必须完成投资后方可生产。两项ISO认证投资可同时进行，相应投资完成后才能取得资格。研发投资与认证投资的费用计入当年综合管理费，所有投资均不得加速投资，但可以随时中止或中断。

管理体系	ISO9000	ISO14000
建立时间	2年	3年
所需投资	2M	3M

产品	P2	P3	P4
研发时间	4Q	6Q	6Q
研发投资	4M	6M	12M

7. 融资贷款与资金贴现

长期贷款最长期限为5年，最短期限为1年，短期贷款及高利贷期限为4个季度。贷款到期后方可还款，应收款贴现可随时进行，不论其账期长短，每贴现7M则交1M的贴现费（即贴现7M中，1M为贴息，6M为现金）。贷款额度为20的倍数。

贷款类型	贷款时间	贷款额度	年息	还款方式
长期贷款	每年年末	上年的资产负债表权益的2倍	10%	年底付息，到期还本
短期贷款	每季度初	上年的资产负债表权益的2倍	5%	到期一次还本付息
高利贷	任何时间	与教师协商	30%	到期一次还本付息
资金贴现	任何时间	视应收款额	1:6	变现时贴息

8. 综合费用与折旧、税金

行政管理费、市场开拓、营销广告、生产线转产、设备维护、厂房租金、ISO认证、产品研发等计入综合管理费。其中，行政管理费每季度末支付1M。每年年末按当年利润的33%计提所得税(不计小数)，并计入应付税金，在下一年年初交纳。出现盈利时，按弥补以前年度亏损后的余额计提所得税。

9. 计分标准：

各组得分＝权益*(1+总分/100)

总分＝以下分数的总和：
开发完毕并形成销售的市场：区域 10分　　国内 15分　　亚洲 20分　　国际 25分
完成的 ISO 认证：ISO 9000：10分　　ISO 14000：15分
目前拥有生产线：手工 5分/条、半自动 10分/条、全自动/柔性 15分/条
目前拥有自主产权的厂房：A—15分、B—10分、C—5分
研发完毕并形成销售的产品：P2—5分、P3—10分、P4—15分
市场排名：20分/每个第一
未借高利贷：20分　　未贴现：20分　　追加股东投资　—100分

6.3.6 教学年

教学年的作用是熟悉规则，在教师的带领下走完一年的工作流程：年初 4 项工作，年中每季度 19 项工作。学生若已经对沙盘规则及流程非常熟悉，也可以跳过教学年，直接开始正式经营。

提示：执行沙盘企业经营流程，必须严格按照自上而下、自左而右的顺序，填制经营记录表（图 6.14）。

教学年的经营流程表

项目	Q1	Q2	Q3	Q4	项目	Q1	Q2	Q3	Q4
新年度规划会议	★				按订单交货	×	★	×	×
参加订货会/登记销售订单	1				产品研发投资	×	×	×	×
制定新年度计划	★				支付行政管理费	1	1	1	1
支付应付税	1				其他现金收支情况登记	×	×	×	×
季初现金盘点	18	14	10	22	支付利息/更新长期贷款/申请长期贷款				4
更新短贷/支付利息/获得新贷款	×	★	★	★	支付设备维护费				4
更新应付款/归还应付款	×	×	×	×	支付租金/购买厂房				★
原材料入库/更新原料订单	2	1	1	1	计提折旧				(4)
下原料订单	★	★	★	★	新市场开拓/ISO 认证投资				★
更新生产/完工入库	★	★	★	★	结账				★
投资新生产线/变卖生产线/生产线转产	★	★	★	★	现金收入合计	0	0	15	32
向其他企业购买原材料/出售原材料	×	×	×	×	现金支出合计	4	4	3	12
开始下一批生产	1	2	1	2	期末现金对账	14	10	22	42
更新应收款/应收款收现	★	★	15	32					
出售厂房	×	×	×	×					
向其他企业购买成品/出售成品	×	×	×	×					

图 6.14　起始年经营流程表截图

6.3.6.1 年初

1. 新年度规划会议

新年度开始，企业管理团队要制订或者调整企业战略，做出经营规划、设备投资规划、营销策划方案等。具体涉及销售预算和可承诺量的计算。

销售预算是编制预算的关键和起点，主要是对本年要达成的销售目标的预测，销售预算的内容包括销售数量、单价和销售收入等。

可承诺量的计算是企业参加订货会之前，需要计算企业的可接单量。企业可接单量主

要取决于现有库存和生产能力,因此产能计算的准确性直接影响到销售支付。

2. 参加订货会,登记销售订单

参加订货会:营销总监代表各自企业参加订货会,首次订货会按照广告投放选择订单,以后按照市场地位、产品数量、订单销售额、应收账期,将广告费放置在沙盘上的"广告费"位置。财务总监记录支出的广告费。

3. 制订新年度计划

在明确今年的销售任务后,需要以销售为龙头,结合企业对未来的预期,编制生产计划、采购计划、设备投资计划,并进行相应的资金预算。将企业的供产销活动有机结合起来,使企业各个部门的工作形成一个有机的整体。

4. 支付应付税

依法纳税是企业和公民的义务。财务总监按照上一年度利润表的"所得税"一项的数值(1M)取相应现金放置在沙盘上的"税金"处,并做好现金收支记录。

6.3.6.2 年中

1. 季初现金盘点

财务总监盘点当前现金库中的现金,记录现金余额。

2. 更新短期贷款/还本付息/申请短期贷款

更新短期贷款:若沙盘企业有短期贷款,财务总监将空桶向现金方向移动一格。移至现金库时,表示短期贷款到期。

还本付息:短期贷款的还款规则是利随本清。短期贷款到期时,每桶需要支付 $20M \times 5\% = 1M$ 的利息,因此,本金与利息共计 21M。财务总监从现金库中取现金时,其中 20M 还给银行,1M 放置于沙盘上的"利息"处并做好现金收支记录。

申请短期贷款:短期贷款申请的最高额度=上一年所有者权益$\times 2$-已有短期贷款。

提示:企业随时可以向银行申请高利贷,高利贷贷款额度视企业当时的具体情况而定。如果贷了高利贷,可以用倒置的空桶表示,并与短期借款同样管理。

3. 更新应付账款/归还应付账款

财务总监将应付账款向现金库方向推进一格。到达现金库时,从现金库中取现金付清应付账款并做好现金收支记录。

4. 原料入库/更新原料订单

供应商发出的订货已经运抵企业时,企业必须无条件接收货物并支付原料款。采购总监将原来订单区中的空桶向原料库方向推进一格,到达原料库时,向财务总监申请原料款,支付给供应商,换取相应数量的原料。如果现金支付,财务总监做好现金收支记录。若启用应付账款,在沙盘上做相应标记。

5. 下原料订单

采购总监根据年初制定的采购计划,决定采购的原料品种及数量,每个空桶代表一批原料,将相应数量的空桶放置于对应品种的原料订单处。

6. 更新生产/变卖生产线/生产线转产

运营总监将生产线上的在制品推进一格。产品下线表示产品完工,将产品放置于相应的产品库。

7. 投资新生产线/变卖生产线/生产线转产

投资新生产线：运营总监向交换台领取新生产线标识，翻转放置于某厂房相应位置，其上放置与该生产线安装周期相同的空桶数，每个季度向财务总监申请建设资金，额度=设备总购买价值/安装周期，财务总监做好现金记录。在全部投资完成后的下一个季度，将生产标识翻转过来，领取产品标识，开始投入使用。

变卖生产线：当生产线上的在制品完工后，可以变卖生产线。若此时该生产线净值小于残值，将生产线净值直接转入现金库中；若该生产线净值大于残值，从生产线净值中取出等同于残值的部分置于现金库，将差额部分置于综合费用的其他项。财务总监做好现金收支记录。

生产线转产：生产线转产是指某生产线转产生产其他产品。不同类型生产线转产所需的转产周期及转产费用是不同的。若需要转产且该生产线需要一定的转产周期及转产费用，请运营总监翻转生产线标识，并按季度向财务总监申请并支付转产费用，停工满足转产周期要求并支付全部的转产费用后，再次翻转生产线标识，领取新的产品标识，开始新的生产。财务总监做好现金收支记录。

提示：生产线一旦建设完成，不得在各厂房间随意移动。

8. 向其他企业购买原料/出售原料

新产品上线时，原料库中必须备有足够的原料，否则需要停工待料。这时，采购总监可以考虑向其他企业购买。如果按原料的原值购入，购买方视同"原料入库"处理，出售方采购总监从原料库中取出原料，向购买方收取同值现金，放入现金并做好现金收支记录。如果高于原料价值购入，购买方将差额（支出现金－原料价值）计入利润表中的其他支出；出售方将差额计入利润表中的其他收入，财务总监做好现金收支记录。

9. 开始下一批生产

当更新生产/完工入库后，某些生产线的在制品已经完工，可以考虑开始生产新的产品。由运营总监按照产品结构从原料库中取出原料，并向财务总监申请产品加工费，将上线产品摆放到离原料库最近的生产周期。

10. 更新应收账款/应收账款收现

财务总监将应收账款向现金库方向推进一格，到达现金库时即成为现金，做好现金收支记录。

提示：在资金出现缺口且不具备银行贷款的情况下，可以考虑应收账款贴现。应收账款贴现随时可以进行，财务总监按7的倍数收取应收账款，其中1/7作为贴现费用置于盘面上"贴息"处，6/7放入现金库，并做好现金收支记录，应收账款贴现时不考虑账期因素。

11. 出售厂房

资金不足时可以出售厂房，厂房按购买价值出售，得到4账期的应收账款。

12. 向其他企业购买成品/出售成品

如果产能计算有误，有可能本年不能交付客户订单，这样不仅损失信誉，而且要接受订单总额25%的罚款。这时营销总监可以考虑向其他企业购买产品。如果以成本价购买，买卖双方正常处理；如果高于成本价购买，购买方将差价（支付现金－产品成本）记入直接成本，出售方将差价记入销售收入，财务总监做好现金收支记录。

13. 按订单交货

营销总监检查各成品库中的成品数量是否满足客户订单要求,满足则按照客户订单交付约定数量的产品给客户,并在订单登记表中登记该批产品的成本。客户按订单收货,并按订单上列明的条件支付货款,若为现金(0 账期)付款,营销总监直接将现金置于现金库,财务总监做好现金收支记录;若为应收账款,营销总监将现金置于应收账款相应账期处。

提示:按订单交货必须是整单交货。

14. 产品研发投资

按照年初制订的产品研发计划,运营总监向财务申请研发资金,置于相应产品生产资格位置。财务总监做好现金收支记录。

提示:产品研发投资完成,取得相应产品的生产资格。

15. 支付行政管理费

管理费用是企业为了维护经营发放的管理人员工资,必要的差旅费、招待费等。财务总监取 1M 放置"管理费"处,并做好现金收支记录。

16. 其他现金收支情况登记

除以上引起现金流动的项目外,还有一些没有对应项目的,如应收账款贴现、高利贷支付的费用等,可以直接记录在该项中。

17. 现金收入合计

统计本季度现金收入总额。

18. 现金支出合计

统计本季度现金支出总额。第四季度的统计数字中包括四季度本身的和年底发生的。

19. 期末现金对账

1 至 3 季度,财务总监盘点现金余额并做好登记。

6.3.6.3 年末

1. 支付利息/更新长期贷款/申请长期贷款

支付利息:长期贷款的还款规则是每年付息,到期还本。年末,每桶需要支付 $20M \times 10\% = 2M$ 的利息,财务总监从现金库中取出长期借款置于盘面上的"利息"处,并做好现金收支记录。长期贷款到期时,账务总监从现金库中取出现金归还本金及当年的利息,并做好现金收支记录。

更新长期贷款:如果企业有长期贷款,请财务总监将空桶向现金库方向移动一格;当移至现金库时,表示长期贷款到期。

申请长期贷款:长期贷款只有在年末申请。

长期贷款申请的最高额度=上一年所有者权益×2−已有长期贷款

2. 支付设备维护费

在用的每条生产线支付 1M 维护费,财务总监取出相应现金置于盘面上的"维护费"处,并做好现金收支记录。

3. 支付租金/购买厂房

大厂房为自购厂房,如果本年在小厂房中安装了生产线,此时要决定该厂房是购买还是租用。如果购买,财务总监取出与厂房价值相等的现金置于盘面上的厂房价值处;如果租用,财务总监取出与厂房租金相等的现金放置于盘面上的"租金"处。无论购买还是租用,财务总监应做好现金收支记录。

4. 计提折旧

厂房不提折旧,生产线按余额递减法计提折旧,在建及当年新建生产线不提折旧,财务总监从设备价值中取出折旧费放置于盘面上的"折旧"处。

生产线净值大于等于残值且大于等于3 M时,按生产线净值的1/3向下取整计提折旧;生产线净值大于等于残值且小于3 M时,每次计提折旧1 M;当生产线净值小于残值时不再计提折旧。

5. 新市场开拓/ISO资格认证投资

新市场开拓:财务总监取出现金放置在要开拓的市场区域,并做好现金收支记录。市场开发完成,取得相应市场准入资格。

ISO资格认证投资:财务总监取出现金放置在要认证的区域,并做好现金收支记录。认证完成,取得相应的ISO资格。

6. 结账

年末编制利润表和资产负债表。

7. 现金收入合计

统计第四季度(即全年)现金收入总额。

8. 现金支出合计

统计第四季度和年底发生的现金收支总额。

9. 期末现金对账

年末,财务总监盘点现金余额并做好登记。

提示:教学年主要熟悉经营规则和按经营流程填写各项表格,不进行任何贷款,不投资新的生产线,不进行产品研发,不购买厂房,不开拓新市场,不进行ISO认证,每季度订购1批R1原料,生产持续进行。

10. 填制财务报表(图6.15)

损益表 单位:百万

项目		上年	本年
销售收入	+	35	32
直接成本	-	12	12
毛利	=	23	20
综合费用	-	11	9
折旧前利润	=	12	11
折旧	-	4	4
支付利息前利润	=	8	7
财务收入/支出	+/-	4	4
额外收入/支出	+/-		
税前利润	=	4	3
所得税	-	1	1
净利润	=	3	2

资产负债表 单位:百万

资产		年初	本年	负债+权益		年初	本年
现金	+	20	42	长期负债	+	40	40
应收款	+	15	0	短期负债	+	0	0
在制品	+	8	8	应付款	+	0	0
成品	+	6	7	应交税	+	1	1
原料	+	3	2	1年到期的长贷	+		
流动资产合计	=	52	58	负债合计	=	41	41
固定资产				权益			
土地和建筑	+	40	40	股东资本	+	50	50
机器设备	+	13	9	利润留存	+	11	14
在建工程	+			年度净利	+	3	2
固定资产合计	=	53	49	所有者权益	=	64	66
总资产		105	107	负债+权益	=	105	107

图6.15 起始年财务报表截图

6.3.7 企业经营

1. 模拟目标

(1) 团队合作完成 6 年的模拟经营,获得企业运营管理的宝贵经验

(2) 认真履行岗位职责,理解岗位职业要求

(3) 学会利用专业知识和管理工具做好各项管理工作

(4) 学会与团队成员协同工作,为企业创造价值

(5) 及时总结经验和教训,分享每一年的成长

2. 主要任务

现在,新的管理层已经接过了继续推动企业向前发展的重任。作为新的管理层,将对公司的发展负完全责任。通过模拟 6 年的经营,将在分析市场、制定战略、营销策划、生产组织、财务管理等一系列活动中,应用科学的管理规律,全面提升管理能力。

3. 实践步骤

(1) 制订计划

计划是执行各项工作的依据。每年年初,总经理都要带领管理团队,在企业战略的指导下,制订销售计划、设备投资计划、生产计划、采购计划、资金计划、市场开发计划及产品研发计划等。

1) 销售计划

简明的销售计划至少应说明:企业将生产什么产品?生产多少?通过什么渠道销售?计划在什么地区销售?各产品线、地区比例如何?是否考虑促销活动?正确制订销售计划的前提是收集必要信息,做出相关分析,包括产品市场信息、企业自身的产能、竞争对手的情况等。

一个好的销售计划一定是符合销售组织自身特点、适用于本组织发展现状的计划。脱离实际情况的、过于宏观的销售计划会对实际的销售活动失去指导意义。一个好的销售计划同时也是一个全员参与的计划,是一个被组织上下以及客户认可的计划。

2) 设备投资与改造

设备投资与改造是提高产能、保障企业持续发展的策略之一。企业进行设备投资时需要考虑以下因素。

- 市场上对各种产品的需求状况。
- 企业目前的产能。
- 新产品的研发进程。
- 设备投资分析。
- 新设备用于生产何种产品,所需资金来源,设备安装地点。
- 设备上线的具体时间及所需物料储备。

3) 生产计划

企业主要有 5 个计划层次,即经营规划、销售与运作规划、主生产计划、物料需求计划和能力需求计划。这 5 个层次的计划实现了由宏观到微观、由粗到细的深化过程。主生产计划是宏观向微观的过渡计划,是沟通企业前方(市场、销售等需方)和后方(制造、供应等供方)的重要环节。物料需求计划是主生产计划的具体化,能力需求计划是对物料需求计划

做能力上的平衡和验证。从数据处理逻辑上讲，主生产计划与其他计划层次之间的关系如图 6.16 所示。

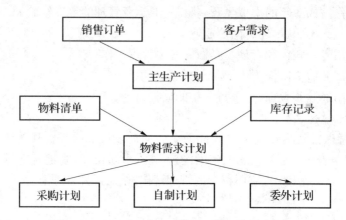

图 6.16 主生产计划与其他计划层次之间的关系

- 主生产计划要回答 A：生产什么？生产多少？何时生产？
- 物料清单回答 B：用什么来生产？
- 库存记录回答 C：我们已经有什么？
- 物料需求计划回答 D：还应得到什么？
- 它们共同构成了制造业的基本方程：$A \times B - C = D$

4) 采购计划

采购计划要回答 3 个问题：采购什么？采购多少？何时采购？

采购什么：从图 6.16 中不难看出，采购计划的制订与物料需求计划直接相关，并直接上溯到主生产计划。根据主生产计划，减去产品库存，并按照产品的 BOM 结构展开，就得到了为满足生产所需还要哪些物料，哪些可以自制，哪些必须委外，哪些需要采购。

采购多少：明确了采购什么，还要计算采购多少，这与物料库存和采购批量有直接联系。

何时采购：要达到"既不出现物料短缺，又不出现库存积压"的管理境界，就要考虑采购提前期、采购政策等相关因素。

5) 资金计划

成本费用的支付需要资金、各项投资需要资金、到期还债需要资金，如果没有一个准确详尽的资金预测，很快你就会焦头烂额、顾此失彼。因此，每年年初做现金预测是非常必要的，它可以使你运筹帷幄，游刃有余。

提示：为了帮助大家制订计划，附录中提供了相关的辅助计划工具，包括企业经营过程记录表、生产计划及采购计划编制、开工计划、采购及材料付款计划。

(2) 执行与控制

计划制订之后，企业的日常运营将在总经理的领导下，按照企业运营流程所指示的程序顺序进行。企业应该对各年每个季度的企业运营要点进行记录，以便于核查、分析。

1) 企业运营流程

企业运营流程中包括了各模拟企业进行日常运营时必须执行的工作任务及必须遵守

的工作流程。由总经理主持,按照企业运营流程所列工作内容及先后顺序开展工作,每执行完一项操作,总经理在相应的方格内打钩确认,以示完成;如果涉及现金收支业务,财务主管负责现金收支,会计主管负责在相应方格内填写现金收支情况。

2)订单登记表

用于记录本年取得的客户订单。年初销售主管参加订货会,争取到客户订单,随后进行订单登记,填写订单登记表中的订单号、市场、产品、数量、账期、销售额等项目。按订单交货时,登记成本项目,计算毛利项目。年末,如果有未按时交货的,在"罚款"栏目中标注罚款金额。

3)组间交易明细表

在很多情况下会发生企业之间购销成品的行为,它会影响到企业当年的销售量和生产成本,认真做好记录有助于对企业经营过程进行深入分析。

4)产品核算统计表

产品核算统计表是按产品品种对销售情况进行的统计,是对各品种本年销售数据的汇总。本年的销售数据根据订单登记表和组间交易明细表中的记录汇总填列。

本年某产品销售数量＝订单登记表某产品合计数－本年年末交订单数量＋上年年末交本年已交订单数量＋组间交易明细表中本年出售的产品数量。

其他数据依此类推。

5)综合管理费用明细表

用于记录企业日常运营过程中发生的各项费用。对于市场准入开拓、ISO 资格认证和产品研发不仅要记录本年投入的总金额,还要在备注栏中说明明细。市场准入开拓、ISO 资格认证在备注栏中相关项目上打√确认;产品研发在对应项目后的括号中填写实际投入金额。

6)利润表

年末,要核算企业当年的经营成果,编制利润表。利润表中各项目的计算如表 6.1 所示。

表 6.1　利润表的编制

利润表		
		单位:百万元
项　目	行次	数据来源
销售收入	1	产品核算统计表中的销售额合计
直接成本	2	产品核算统计表中的成本合计
毛利	3	第 1 行数据－第 2 行数据
综合费用	4	管理费＋广告费＋维修费＋租金＋转产费＋市场准入开拓＋ISO 资格认证费＋产品研发费＋其他费用
折旧前利润	5	第 3 行数据－第 4 行数据
折旧	6	按双倍余额递减法计算
支付利息前利润	7	第 5 行数据－第 6 行数据

续 表

项　目	行次	数据来源
财务收入/支出	8	借款、高利贷、贴现等支付的利息计入财务支出
其他收入/支出	9	出租厂房的收入、购销原材料的收支
税前利润	10	每7行数据＋财务收入＋其他收入－财务支出－其他支出
所得税	11	第10行数据＊25％取整
净利润	12	第10行数据－第11行数据

7）资产负债表

年末，要编制反映企业财务状况的资产负债表。资产负债表中各项目的计算如表6.2所示。

表6.2　资产负债表的编制

资产负债表

单位：百万元

资产	数据来源	负债和所有者权益	数据来源
流动资产：		负债：	
现金	盘点现金库中的现金	长期负债	长期负债
应收账款	盘点应收账款	短期负债	盘点短期借款
在制品	盘点生产线上的在制品	应付账款	盘点应付账款
成品	盘点成品库中的成品	应交税金	根据利润表中的所得税填列
原料	盘点原料库中的原料		
流动资产合计	以上五项之和	负债合计	以上五项之和
固定资产：		所有者权益：	
土地和建筑	厂房价值之和	股东资本	股东不增资的情况下为50
机器与设备	设备价值	利润留存	上一年利润留存＋上一年利润
在建工程	在建设备价值	年度净利	利润表中的净利润
固定资产合计	以上三项之和	所有者权益合计	以上三项之和
资产合计	流动资产合计＋固定资产合计	负债和所有者权益合计	负债合计＋所有者权益合计

（3）评价与总结

1）自我反思与总结

每一年经营结束，管理团队都要对企业经营结果进行分析，深刻反思成在哪里，败在哪里，竞争对手情况如何，是否需要对企业战略进行调整？

2）现场案例解析

教师结合课堂及当年具体情况，找出大家共性的问题，对现场出现的典型案例进行深层剖析，用数字说话。

第七章　ERP 电子沙盘模拟

7.1　"创业者实践平台"介绍

企业模拟经营分基于过程和基于纯决策两类,前者以"创业者实践平台"为代表,后者以"GMC"(国际企业管理挑战赛)和"商道"为代表。前者注重经营过程、模拟情景,适合没有企业经验的大中专学生;后者更侧重的是对诸多决策变量进行分析,适合于有企业经验的 MBA 学生或社会人士。前者的核心是模拟出企业经营场景并对过程进行合理控制;后者的核心是对经营变量的数学建模。前者总体看是一个白箱博弈过程;后者是一个黑箱博弈过程。对于没有企业经验的学生而言,首先就是获得经营的感性认识,然后以此为基础,在一步步决策过程中获取管理知识。

"创业者实践平台"模拟经营类软件,该平台在继承 ERP 沙盘特点的基础上,同时吸收了众多经营类软件的优点。其特点如下:

- 全真模拟企业经营过程,感受市场竞争氛围,集成选单、多市场同选、竞拍、组间交易等多种市场方式。
- 自由设置市场订单和经营规则,订单和规则均是一个文件,只要置于对应目录下就可使用,并可与全国的同行交流规则和订单。
- 更友好的界面设置,更强的互动体验,操作简易直观。
- 系统采用 B/S 浏览器/服务器结构设计,内置信息发布功能,可以支持 2 至 18 个队同时经营。
- 经营活动全程监控,完整的经营数据记录,财务报表自动核对,经营数据以 Excel 格式导出,使教学管理更轻松。
- 软件自带数据引擎,无需借助外部数据库,免去了繁琐的数据库配置;自带 IIS(互联网信息服务)发布,无需做复杂的 IIS 配置,安装使用简便易行。
- 与实物沙盘兼容,可用于教学、竞赛。

7.2　"创业者"系统组成

"创业者"系统组成如表 7.1 所示。

表 7.1 "创业者"系统说明

序号	名称	说明
1	安装主程序	需要和加密狗匹配使用
2	使用说明(前台)	学生操作手册
3	使用说明(后台)	管理员(教师)操作手册
4	安装说明	系统安装说明文件
5	经营流程表	训练学生用表(任务清单及记录)
6	会计报表	各年度会计报表
7	重要经营规则	快速查询主要规则,系统中直接查询
8	市场预测	系统中直接查询
9	Aports(开放端口查看软件)	查找、关闭占用 80 端口程序的工具
10	实物沙盘盘面	配合系统使用,一个队一张
11	摆盘卡片	用于摆放实物沙盘

"创业者"系统以创业模式经营,即初始只有现金(股东资本)。就标准规则而言,一般以 60 W 为宜,若初次经营可放宽到 65 W,熟悉后或比赛可设为 55 W。

学生端界面和实物盘面类似,也可分为生产中心、财务中心、营销与规划中心及物流中心,操作区显示当前有权限的操作,另外可以查询规则、市场预测信息。

7.3 经营规则与过程

下面将详细介绍"创业者"系统操作规则。

1. 首次登录

在 IE 地址栏中输入 http://服务器地址(若非 80 端口,则输入"http://服务器地址:端口")进入系统(如下图所示),登录用户名为裁判分配的 U01、U02、U03 等,初始密码为"1"。系统需要修改登录密码,填写公司名称、公司宣言及各角色姓名,如图 7.1 所示。

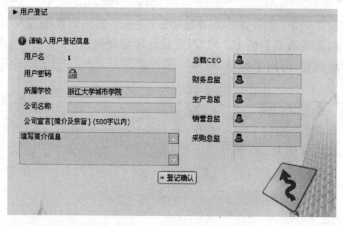

图 7.1 登录界面

以下操作为年初操作。

2. 投放广告

双击系统中"投放广告"按钮,其显示如图7.2所示

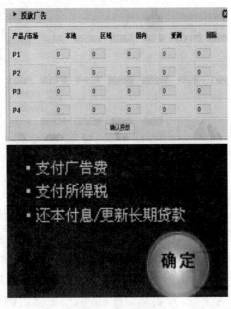

图7.2 投放广告

- 没有获得任何市场准入证时不能投放广告(系统认为其投放金额只能为0)。
- 不需要对ISO单独投广告。
- 在投放广告窗口中,市场名称为红色表示尚未开发完成,不可投广告。
- 产品资格未开发完成可以投放广告。
- 完成所有市场产品投放后,"确认支付"后不能返回更改。
- 投放广告确认后,长贷本息及税金同时被自动扣除(其中长贷利息是所有长贷加总后乘以利率再四舍五入)。

提示:

- 我们将一个市场与产品的组合称为回合,分别是:(本地,P1)、(本地,P2)、(本地,P3)、(本地,P4);(区域,P1)、(区域,P2)……(国际,P3)、(国际,P4)20个回合。
- 在一个回合中,每投入10 W(为参数,称为最小得单广告额,可修改)广告费将获得一次选单机会,此后每增加20 W(最小得单广告额2倍),多一次选单机会。如:投入70 W表示最多有4次机会,但是能否行使4次机会取决于市场需求、竞争态势。若投小于10 W广告费则无选单机会,但仍扣广告费,对计算市场广告额有效。广告投放可以是非10的倍数、如11 W、12 W,且投12 W比投11 W或10 W优先选单。

3. 获取订单

"创业者"系统有两种市场方式可以获得订单,即选单与竞单。

参加订货会——选单

上述投放广告针对的是选单,如图7.3所示。

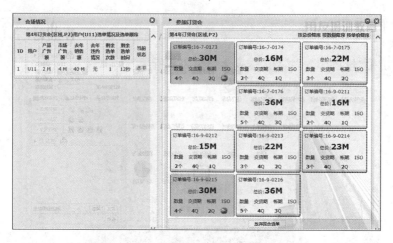

图 7.3 选单

• 系统自动依据以下规则确定选单顺序：上年市场销售第一名（且无违约）为市场老大，优先选单；若有多队销售并列第一，则市场老大由系统随机决定，可能为其中某队，也可能无老大（本条适用于规则中市场老大设置为"有"）。之后以本回合广告额投放大小顺序依次选单。如果本回合广告额相同，那么看本市场广告投放总额；如果本市场广告总额也相同，那么看上年市场销售排名；如仍无法决定，先投广告者先选单。第一年无订单。

• 每回合选单可能有若干轮，每轮选单中，各队按照排定的顺序，依次选单，但只能选一张订单。当所有队都选完一轮后，若再有订单，有两次选单机会的各队进行第二轮选单。依此类推，直到所有订单被选完或所有队退出选单为止，本回合结束。

• 当轮到某一公司选单时，"系统"以倒计时的形式，给出本次选单的剩余时间，每次选单的时间上限为系统设置的选单时间，即在规定的时间内必须做出选择（选定或放弃），否则系统自动视为放弃选择订单。无论是主动放弃还是超时系统放弃，都被视为放弃本回合的所有选单。

• 放弃某回合中一次机会，视同放弃本回合中所有机会，但不影响以后回合的选单，且仍可观看其他队选单。

• 选单权限系统自动传递。

• 系统自动判定是否有 ISO 资格。

• 选单时可以根据订单各要素（总价、单价、交货期、账期等）进行排序，辅助选单。

4. 申请长期贷款（如图 7.4 所示）

• 订货会结束后直接操作，一年只能操作一次，但可以申请不同年份的若干笔。

• 此操作必须在"当季开始"之前。

• 不可超出最大贷款额度，即长短贷总额（已贷＋欲贷）不可超过上年权益规定的倍数（为参数，默认为 3 倍）。

• 可选择贷款年限，但不可超过最长贷款年限（为参数），确认后不可更改。

图 7.4 申请长贷

- 贷款额为不小于 10 的整数。
- 计算利息时,所有长贷之和×利率,然后四舍五入。

以下操作为四季操作。

5. 四季任务启动与结束(如图 7.5 所示)

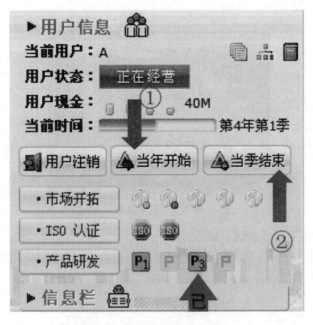

图 7.5　四季任务启动与结束

- 每季经营开始及结束需要确认——当季开始、当季(年)结束(第四季显示为当年结束)。
- 请注意操作权限,亮色按钮为可操作权限。
- 若破产则无法继续经营,自动退出系统,可联系裁判。
- 现金不够请紧急融资(出售库存、贴现、厂房贴现)。
- 更新原料库和更新应收款为每季必走流程,且这两步操作后,前面的操作权限将关闭,后面的操作权限打开。
- 对经营难度无影响的情况下,对操作顺序并无严格要求,建议按流程走。

6. 当季开始,如图 7.6 所示

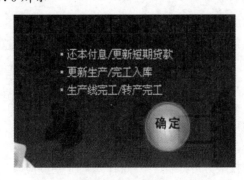

图 7.6　当季开始

- 选单结束或长贷后可以当季开始。
- 开始新一季经营必须当季开始。
- 系统自动扣除短贷本息。
- 系统自动完成更新生产、产成品完工入库、生产线建设完工及转产完工操作。

7. 当季结束,如图 7.7 所示

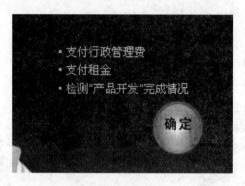

图 7.7　当季结束

- 一季经营完成需要当季结束确认。
- 系统自动扣管理费(10W/季,为参数)及续租租金,并且检测产品开发完成情况。

8. 申请短贷,如图 7.8 所示

图 7.8　申请短贷

- 一季只能操作一次。
- 申请额为不小于 10 的整数。
- 不可超出最大贷款额度,即长短贷总额(已贷+欲贷)不可超过上年权益规定的倍数(为参数,默认为 3 倍)。

9. 更新原料库,如图 7.9 所示
- 系统自动提示需要支付的现金(不可更改)。
- 执行"确认支付"即可,即使支付现金为 0 也必须执行。
- 系统自动扣减现金。
- 确认后,后续的操作权限方可开启("下原料订单"到"更新应收款"),前面操作权限关闭。
- 一季只能操作一次。

第七章　ERP 电子沙盘模拟

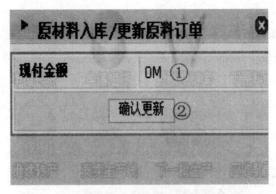

图 7.9　更新原料库

10. 下原料订单，如图 7.10 所示

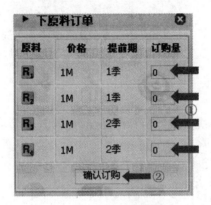

图 7.10　下原料订单

- 输入所有需要的原料数量，然后单击"确认订购"按钮。
- 确认订购后不可退订。
- 可以不下订单。
- 一季只能操作一次。

11. 购置厂房，如图 7.11 所示

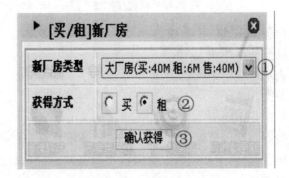

图 7.11　购置厂房

- 厂房可买可租。

- 最多只可使用四个厂房。
- 四个厂房可以任意组合,如租三买一或租一买三。
- 生产线不可在不同厂房间移位。

12. 新建生产线,如图7.12所示

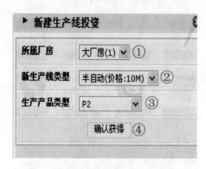

图7.12 新建生产线

- 需选择厂房、生产线类型、生产产品类型。
- 一季可操作多次,直至生产线位铺满。

提示:
- 新建生产线时便已经决定生产何种产品了,此时并不要求企业一定要有该产品生产资格。
- 手工线与租赁线即买即用,不需要安装周期。

13. 在建生产线,如图7.13所示

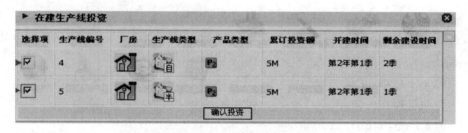

图7.13 在建生产线

- 系统自动列出投资未完成的生产线。
- 复选需要继续投资的生产线。
- 可以不选——表示本季中断投资。
- 一季只可操作一次。

提示:
- 一条生产线待最后一期投资到位后,必须到下一季度才算安装完成,允许投入使用。
- 生产线安装完成后,盘面上必须将投资额放在设备净值处,以证明生产线安装完成,并将生产线标志翻转过来。
- 参赛队之间不允许相互购买生产线,只允许向设备供应商(管理员)购买。
- 手工线与租赁线安装不需要时间,随买随用。

14. 生产线转产和继续转产,如图 7.14 所示

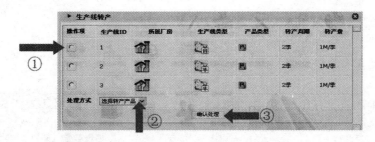

图 7.14　生产线转产

- 在生产线上直接单击要转产的生产线(建成且没有在产品的生产线)。
- 单选一条生产线,并选择要转产生产的产品。
- 手工线和柔性线若要转产,也必须操作,但不需要停产及转产费。
- 可多次操作。
- 若是转产周期为两期(含)以上,则需要继续转产,操作和在建生产线类似。

15. 变卖生产线,如图 7.15 所示

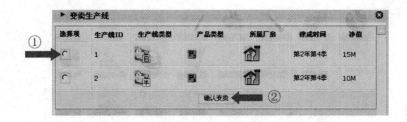

图 7.15　变卖生产线

- 在生产线上直接单击要变卖的生产线(建成后没有在制品的空置生产线,转产中生产线不可卖)。
- 变卖后,从净值中按残值收回现金,净值高于残值的部分记入当年费用的损失项目。

16. 下一批生产,如图 7.16 所示

图 7.16　下一批生产

• 更新生产/完工入库后,某些生产线的在制品已经完工,同时某些生产线已经建成,可开始生产新产品。
• 自动检测原料、生产资格、加工费。
• 在生产线上直接单击生产。
• 系统自动扣除原料及加工费。

提示
• 下一批生产前提有 3 个:原料、加工费、生产资格。
• 任何一条生产线在产品只能有一个。

17. 应收款更新,如图 7.17 所示
• 单击系统自动完成更新。
• 此步操作后,前面的各项操作权限关闭(不能返回以前的操作任务),并开启以后的操作任务——即按订单交货、产品开发、厂房处理权限。

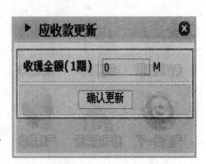

图 7.17 应收款更新

摆盘:
将应收款向现金库方向推进一格,到达现金库时即成为现金,必须做好现金收支记录。

18. 按订单交货,如图 7.18 所示

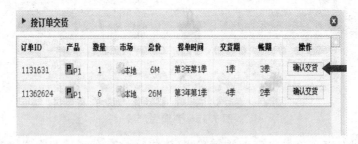

图 7.18 按订单交货

• 系统自动列出当年未交且未过交货期的订单。
• 自动检测成品库存是否足够,交货期是否过期。
• 单击"确认交货"按钮,系统自动增加应收款或现金。

订单有以下 5 个要素:
①数量——要求各企业一次性按照规定数量交货,不得多交,不得少交,也不得拆分交货。
②总价——交货后企业将获得一定的应收款或现金,记入利润表的销售收入。
③交货期——必须当年交货,不得拖到第二年,可以提前交货,不可推后,如规定 3 季交货,可以第 1 季、第 2 季、第 3 季任意季交货,不可第 4 季交货,违约则订单收回。
④账期——在实际交货后过若干季度收到现金。若账期为 2Q,实际在第 3 季度完成交货,则将在下一年第 1 季度更新应收款时收到现金。

提示:
• 收现时间从实际交货季度算起。
• 若账期为 0,则交货时直接收到现金。

- 不论当年应收款是否收现,均记入当年销售收入。

⑤ISO要求——分别有ISO 9000及ISO 14000两种认证,企业必须具备相应认证,方可获得有认证要求的订单。

19. 产品研发,如图7.19所示

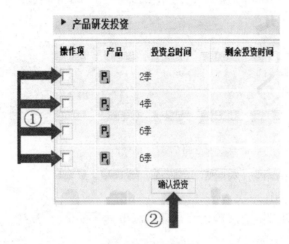

图7.19 产品研发

- 复选操作,需同时选定要开发的所有产品,一季只允许操作一次。
- 单击"确认研发"按钮确认并退出本窗口,一旦退出,则本季度不能再次进入操作。
- 当季(年)结束系统检测开发是否完成。

20. 厂房处理,如图7.20所示

图7.20 厂房处理

- 本操作适用于已经在用的厂房,若要新置厂房,请操作"购置厂房"。
- 如果拥有厂房且无生产线,可卖出,增加4Q应收款,并删除厂房。
- 如果拥有厂房但有生产线,卖出后增加4Q应收款,自动转为租,并扣当年租金,记下租入时间。
- 租入厂房如果离上次付租金满1年(如上年第2季起租,到下年第2季视为满1年),可以转为购买(租转买),并立即扣除现金;如果无生产线,可退租并删除厂房。
- 租入厂房离上次付租金满1年,如果不执行本操作,视为续租,并在当季结束时自动扣下一年租金。

21. 市场开拓,如图 7.21 所示

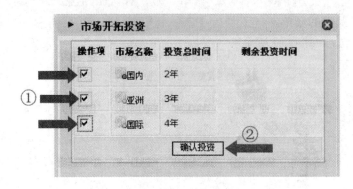

图 7.21　市场开拓

- 复选所要开发的市场,然后单击"确认研发"按钮。
- 只有第 4 季可操作一次
- 第 4 季结束(即当年结束),系统自动检测市场开拓是否完成。

提示:
- 若第 1 年第 4 季不操作市场开拓,则第 2 年年初会因无市场资格而无法投广告选单。

22. ISO 投资,如图 7.22 所示

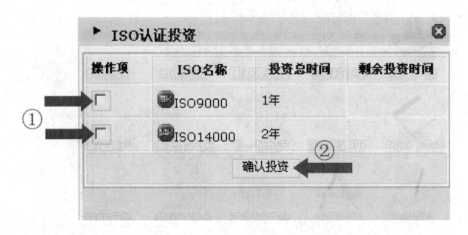

图 7.22　ISO 投资

- 复选所要投资的资格,然后单击"确认研发"按钮。
- 只有第 4 季可操作一次。
- 第 4 季结束(即当年结束)系统自动检测 ISO 资格是否完成。

23. 当年结束,如图 7.23 所示

第 4 季经营结束,需要当年结束,确认一年经营完成。系统会自动完成以下任务:
- 支付第 4 季管理费。
- 如果有租期满 1 年的厂房,续付租金。

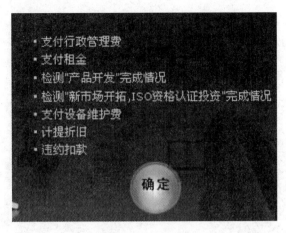

图 7.23 当年结束

- 检测产品开发完成情况。
- 检测市场开拓及 ISO 开拓完成情况。
- 支付设备维修费。
- 计提折旧。
- 违约扣款。
- 系统会自动生成综合费用表、利润表和资产负债表三大报表。

以下为特殊运行任务,指不受正常流程运行顺序的限制,当需要时就可以操作的任务。此类操作分为两类,第一类为运行类操作,这类操作改变企业资源的状态,如固定资产变为流动资产等;第二类为查询类操作,该类操作不改变任何资源状态,只是查询资源情况。

24. 厂房贴现,如图 7.24 所示

图 7.24 厂房贴现

- 任意时间可操作。
- 如果无生产线,厂房原值售出后,售价按 4 季应收款全部贴现。
- 如果有生产线,除按售价贴现外,还要再扣除租金。
- 系统自动全部贴现,不允许部分贴现。

25. 紧急采购,如图7.25所示
• 可在任意时间操作(竞单时不允许操作)。
• 单选需购买的原料或产品,填写购买数量后确认订购。
• 原料及产品的价格列示在右侧栏中——默认原料是直接成本的2倍(为参数,可修改),成品是直接成本的3倍(为参数,可修改)。
• 当场扣款到货。
• 购买的原料和产品均按照直接成本计算,高于直接成本的部分,记入综合费用表损失项。

26. 出售库存,如图7.26所示
• 可在任意时间操作。
• 填入售出原料或产品的数量,然后确认出售。
• 原料、成品按照系统设置的折扣率回收现金——默认原料为8折,成品为直接成本。
• 售出后的损失部分记入费用的损失项。
• 所得现金四舍五入(已出售的原料或成品相加再乘以折扣)。

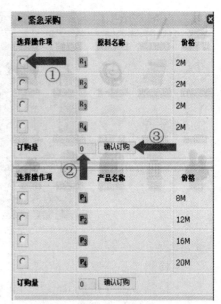

图7.25 紧急采购

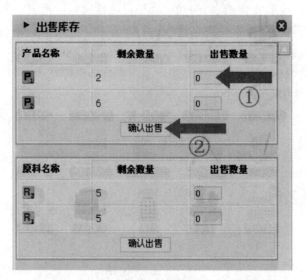

图7.26 出售库存

27. 贴现,如图7.27所示
• 第1季、第2季与第3季、第4季分开贴现。
• 第1季、第2季或第3季、第4季应收款加总贴现。
• 可在任意时间操作且次数不限。
• 填入贴现额应小于等于应收款。
• 贴现额乘以对应贴现率,求得贴现费用(向上取整),贴现费用记入财务费用,其他部分增加现金。

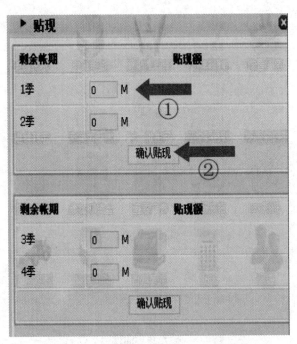

图 7.27 贴现

28. 间谍、商业情报收集,如图 7.28 所示

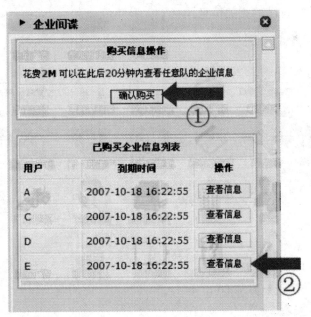

(a)

(b)

图 7.28 间谍

• 任意时间均可操作(竞单时不允许操作);可查看任意一家企业信息,花费 1 W(可变参数)可查看一家企业情况,包括资质、厂房、生产线、订单等(不包括报表)。

• 可以免费获得自己的相关信息。

29. 订单信息,如图 7.29 所示

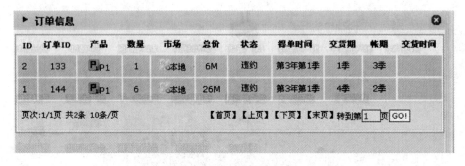

图 7.29 订单信息

• 任意时间可操作。

• 可查所有订单信息及状态。

30. 查看市场预测,如图 7.30 所示

• 任意时间可查看。

• 只包括选单。

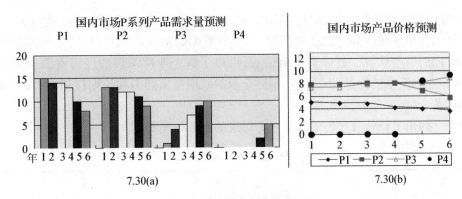

图 7.30　市场预测表

31. 破产检测
- 广告投放完毕、当季开始、当季(年)结束、更新原料库等处,系统自动检测已有库存现金加上最大贴现及出售所有库存及厂房贴现,是否足够本次支出,若不够,则破产退出系统;如需继续经营,联系管理员(教师)进行处理。
- 当年结束,若权益为负,则破产退出系统,如需继续经营,联系管理员(教师)处理。

32. 小数取整处理规则
- 违约金扣除(每张违约单单独计算)——四舍五入。
- 库存拍卖所得现金——四舍五入。
- 贴现费用——向上取整。
- 扣税——四舍五入。

33. 操作小贴士
- 需要付现操作系统均会自动检测,若不够,则无法进行下去。
- 请注意更新原料库及更新应收款两个操作,它是其他操作之开关。
- 多个操作权限同时打开,对操作顺序并无严格要求,但建议按顺序操作。
- 可通过 IM(Instant Messaging)与管理员联系。
- 市场开拓与 ISO 投资仅第 4 季可操作。
- 操作中发生显示不当,立即执行"刷新"命令(按 FS 键)或退出重登。

7.4　账务处理

经营流程表可以看作是简单的现金流量表,它将每一步操作的现金收支情况作出记录;但又不完全等同于现金流量表,根据不同岗位也可记录一些与现金无关的内容。一个年度经营细节在此表中可查询,记录如果较为规范,便于查找错误。

综合费用表用于记录企业在一个会计年度中发生的各项费用。

利润表是企业在一定期间的经营成果,表现为企业在该期间所取得的利润,它是企业经济效益的综合体现,又称为损益表或收益表。

资产负债表是企业对外提供的主要财务报表。它是根据资产、负债和所有者权益之间的相互关系。即"资产＝负债＋所有者权益"的恒等关系,按照一定的分类标准和一定的次序,把企业特定日期的资产、负债和所有者权益三项会计要素所属项目予以适当排列,并对日常会计工作中形成的会计数据进行加工、整理后编制而成,其主要目的是反映企业在某一特定日期的财务状况。通过资产负债表,可以了解企业所掌握的经济资源及其分布情况;了解企业的资本结构;分析、评价、预测企业的短期偿债能力和长期偿债能力;正确评估企业的经营业绩。

表 7.2 列出了经营流程表中各项任务对应的账务处理要点。

表 7.2 账务处理要点

流　程	说　明
新年度规划会议	无
投放广告	记入综合费用表广告费
选单及竞单登记订单	无
支付应付税	无
支付长贷利息	记入利润表财务费用
更新长期贷款/长期贷款还款	无
申请长期贷款	无
季初盘点(请填余额)	无
更新短期贷款/短期贷款还本付息	利息记入利润表财务费用
申请短期贷款	无
原材料入库/更新原料订单	无
下原料订单	无
购买/租用——厂房	记入综合费用表厂房租金
更新生产/完工入库	无
新建/在建/转产/变卖——生产线	记入综合费用表转产费或其他损失
紧急采购(随时进行)	记入综合费用表其他损失
开始下一批生产	无
更新应收款/应收款收现	无
按订单交货	记入利润表销售收入和直接成本
产品研发投资	记入综合费用表产品研发
厂房——出售(买转租)/退租/租转买	租金记入综合费用表
新市场开拓/ISO 资格投资	记入综合费用表 ISO 资格认证
支付管理费/更新厂房租金	记入综合费用表管理费及厂房租金
出售库存	记入综合费用表其他损失

续表

流程	说明
厂房贴现	租金记入综合费用表,贴息记入利润表财务费用
应收款贴现	贴息记入利润表财务费用
缴纳违约订单罚款	记入综合费用表其他损失
支付设备维修费	记入综合费用表设备维护费
计提折旧	记入利润表折旧
新市场/ISO资格换证	无

完成一年经营后,首先根据盘面或系统各费用项生成综合费用表,之后再生成利润表。利润表数据来源及勾稽关系如表7.3所示。

表7.3 利润表数据来源及勾稽关系

编号	项目	数据来源	勾稽关系
1	销价收入	产品核算统计表	—
2	直接成本	同上	—
3	毛利		=1−2
4	综合费用	综合费用表	—
5	折旧前利润		=3−4
6	折旧	盘面或系统	—
7	支付利息前利润		=5−6
8	财务费用	盘面或系统	—
9	税前利润		=7−8
10	所得税	税前利润25%	—
11	年度利润		=9−10

提示:
- 销售收入——不论该销售有无收现,均记入当年销售收入。
- 直接成本——已经实现销售的成品的直接成本。
- 财务费用——含长贷利息、短贷利息及贴息(只记已经付现的费用)。

完成利润表后,可以生成资产负债表,其数据来源如表7.4所示。

表7.4 资产负债表数据来源

项目	来源说明
应收款	盘面或系统
产成品	盘面或系统

续　表

项　　目	来源说明
现金	盘面或系统
在制品	盘面或系统
原材料	盘面或系统
流动资产合计	以上各项目之和
生产线	盘面或系统
厂房	盘面或系统
在建工程	盘面或系统
固定资产合计	以上三项之和(生产线、厂房、在建工程)
资产总计	流动资产合计＋固定资产合计
长期负债	盘面或系统
短期负债	盘面或系统
应交所得税	本年利润表
——	——
——	——
负债合计	以上三项之和(长期负债、短期负债、应交所得税)
股东资本	初始设定(不变)
利润留存	上年利润留存＋上年年度净利
年度净利	本年利润表
所有者权益合计	以上三项之和
负债和所有者权益总计	负债合计＋所有者权益合计

如果企业本年税前利润在弥补前五年亏损之后，仍有盈利，则"盈利部分×所得税率"计入当年所得税，并在下一年初交纳。若第 1 年至第 3 年税前利润分别为－5 W、－6 W、20 W，则第 1 年和第 2 年不计税，第 3 年计税为(－5－6＋20)×25％＝2.25 W，则实际支付 2 W(四舍五入)，并在第 4 年初付现缴纳，因第 3 年交过税，则该年未算所得税的 1 W 应税利润可免税。

算所得税时还可能会遇到一种情况，如第 1 年、第 2 年、第 3 年税前利润分别为－5 W、6 W、3 W，第 2 年产生应税利润 1 W，1×25％＝0.25，四舍五入后当年不计税；但因第 2 年未交税，该 1W 应税利润要累积到下一年，故第 3 年应税利润为 1＋3＝4 W，计 1 W 税。

提示：在制品、产成品、原材料入账的是价值，而非数量。

7.5 点评企业经营

7.5.1 企业经营本质

图 7.31 为企业经营本质的示意图：

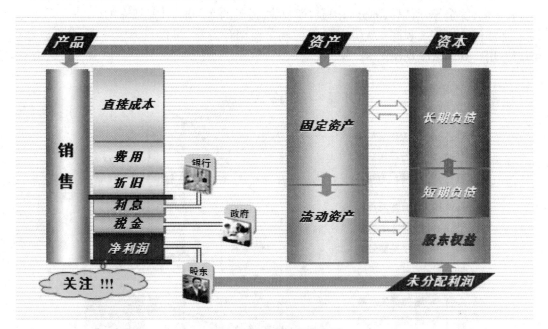

图 7.31 企业的经营本质

企业是利用一定的经济资源，通过向社会提供产品和服务而获取利润的组织，其目的是股东权益最大化。作为经营者，要牢牢记住这句话，它是一切行动的指南。

企业资本的构成有两个来源：负债和权益。负债：一个是长期负债，一般是指企业从银行获得的长期贷款；另一个是短期负债，一般是指企业从银行获得的短期贷款。权益：一部分是指企业创建之初，所有股东的投资，即股东资本，这个数字是不会变的；还有一部分是未分配利润。

在企业筹集了资本之后，将进行采购厂房和设备、引进生产线、购买原材料、生产加工产品等活动，余下的资本（资金），就是企业的流动资金了。

可以这么说，企业的资产就是资本转化过来的，而且是等值的转化。所以资产负债表中左边与右边一定是相等的。

通俗地讲，资产就是企业的"钱"都花哪儿了，资本就是这"钱"是属于谁的，两者从价值上讲必然是相等的——资产负债表一定是平的。

企业在经营中产生的利润当然归股东所有，如果股东不分配，参加企业下一年的经营，就形成未分配利润，自然这可以看成是股东的投资，成为权益的重要组成部分。

企业经营的目的是股东权益最大化，权益的来源只有一个，即净利润。净利润来自何处呢？只有一个，那就是销售，但销售不全都是利润。在实现销售之前，必须要采购原材料、支付工人工资，还有其他生产加工时必需的费用，才能最终生产出产品，收入中当然要抵扣掉这些直接成本;还要抵扣掉企业为形成这些销售支付各种费用,包括产品研发费用、广告投入费用、市场开拓费用、设备维修费用、管理费等;机器设备在生产运行后会贬值。经过三个方面的抵扣之后,剩下的部分形成支付利息前的利润,归三方所有。首先资本中有一部分来自银行的贷款,企业在很大程度上是靠银行的资金产生利润的;而银行之所以贷款给企业,当然需要收取利息回报,即财务费用;企业的运营,离不开国家的"投入",比如道路、环境、安全等,所以一部分归国家,即税收;最后的净利润,才是股东的。

那如何才能扩大利润?无非就是开源和节流两种方法,可以只考虑一种,也可以考虑两者并用。具体措施见图7.32。

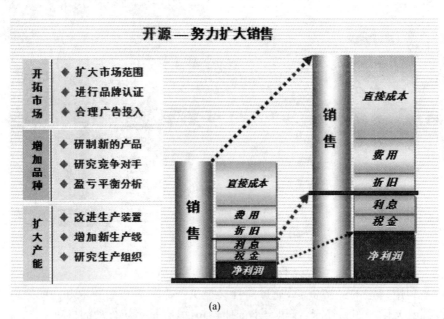

(a)

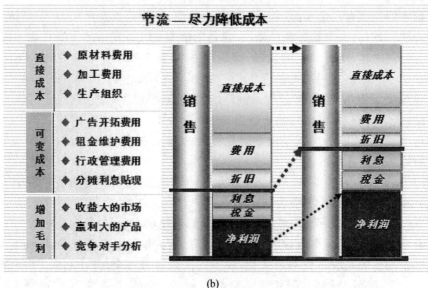

(b)

图7.32 增加企业利润——开源、节流

企业经营的命根子是盈利,那如何衡量经营的好坏呢?有两个最关键的指标:资产收益率(ROA)和净资产收益率(权益收益率)(ROE)。ROA=净利润/总资产,ROE=净利润/权益。

ROA 越高反映的是企业的经营能力越强,相当于企业中一块钱的资产能获利多少。但我们知道企业的资产并不都是属于股东的,股东最关心的是他的收益率,ROE 反映的则是股东一块钱的投资能收益多少,当然是越高越好了。

两者之间的关系如何呢?见下列算式。

ROE=净利润/权益=净利润/总资产×总资产/权益=ROA×1/(1−资产负债率)=ROA×权益乘数

ROA 一定,资产负债率越高,ROE 就越高,表明企业在"借钱生钱",用别人的钱为股东赚钱,这就是财务杠杆效应;资产负债率不变,ROA 越高,ROE 也越高,这表明企业的经营能力越强,给股东带来更大的回报,这就是经营杠杆效应。

如果资产负债率过高,企业风险会很大。也就是说大把欠着别人钱时,主动权不在经营者手里,一旦环境有变数那风险可实在是太大了。比如一旦由于贷款到期出现现金流短缺,企业将面临严重的风险。当然资产负债率如果大于1,就是资不抵债,理论上讲是破产了。

7.5.2 企业基本业务流程

企业基本业务流程如图7.33所示。

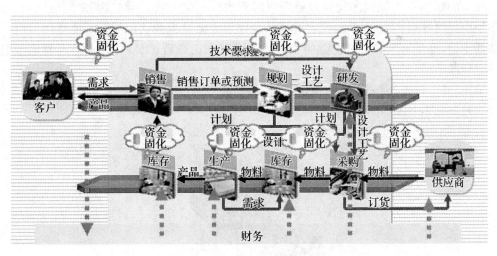

图 7.33 企业基本业务流程

ERP 沙盘是一家典型的制造型企业,采购——生产——销售构成了基本业务流程。整个流程中几个关键的问题:

1. 如何确定产能

根据本企业的生产线及库存情况,计算出可以承诺量,这是选单及竞单的时候要牢记的。但可承诺量并不是一个确定数据,而是一个区间,因为我们可以转产、紧急采购、紧急加建生产线、向其他企业采购。比如,意外丢了某产品订单,则需要考虑多拿其他产品订单,需要转产;再比如,某张订单利润特别高,可以考虑紧急采购、紧急加建生产线或向其他企业采购产品来满足市场需要。产能的计算是选单及竞单的基础。

2. 如何读懂市场预测

市场是企业经营最大的变数，也是企业利润的最终源泉，其重要性不言而喻。营销总监可以说是最有挑战性的岗位。根据市场预测表解读需求量与价格的走势。读懂了市场预测，仅结合产能还不足以制定广告策略，同时还要对竞争对手有正确的评估，企业竞争玩的是"博弈"，知己知彼，百战不殆。很多时候价格高、需求也行，大家都一头扎进去抢单，其结果是恶性竞争，便宜了广告公司，所以往往看着是"馅饼"，其实可能是"陷阱"。

制定好广告策略，还需要对销售额、销售量、毛利有一个较为明确的目标。最直接的指标是广告投入产出比＝订单销售额合计/总广告投入，即投入1M广告可以得多少销售额。根据经验值，前两年比值为5左右是合理的；第三年后8至10是合理的。所以不能一味地抢"市场老大"，狠砸广告，当时是爽，但对企业整体经营是有害的；也不能一味地省广告费用，拿不到单，利润何来？

3. 如何进行"产品定位"

在实际经营中，很多人将经营不善归结为销售订单太少、广告费用太高、贷款能力不够，但这些往往是表面现象。"产品定位"极易被忽视，很多学生在经营时业绩已经不佳，但仍然按照原来的思路操作，该进入产品的时候不知道及时进入，该放弃的产品还在"鸡肋"式的经营，甚至到结束时，仍然未明白"为什么我们没有利润"。

沙盘的精髓在于深刻体验并理解企业运营中"产、供、销、人、财、物"之间的逻辑关系，从而引申到对计划、决策、战略、流程和团队合作等方面知识的认识。若不能透彻"剖析"各产品的定位，度量每个产品对企业的"贡献"并随时修正经营，无疑将使企业经营陷于混乱懵懂之境地。

采用"波士顿矩阵"分析是一种进行"产品定位"的好方法，该方法主要考察两个指标：市场增长率和毛利率如图7.34所示。

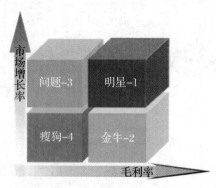

图 7.34 波士顿矩阵

根据以上两个指标，将一个平面开成4象限，分别定义为问题业务、明星业务、金牛业务及瘦狗业务。

- 明星产品

明星产品在一个增长中的市场享有很高的市场占有率，处在该象限的企业往往投入大量资金以维持其明星产品的地位,但是,由于经验曲线效应,成本随着时间的推移会下降。

- 金牛产品

金牛产品在成熟的市场中有很高的市场占有率,因而企业无需增加营销支出。这种产品是企业投资新产品开发的主要现金来源。

- 问题产品

问题产品在增长中的市场,市场占有率低。为了提高占有率,企业需要投入大量的资金,在市场份额没有改善的情况下,问题产品可能撤出市场。

- 瘦狗产品

瘦狗产品处在静止或衰退市场环境下,市场占有率低,往往耗费企业大量现金,与企业资源总量不成正比。

产品组合分析可以根据企业的资金和营运资本管理情况,确定适当的产品或服务组合。

4. 如何确定生产计划和原料订购计划

获取订单后,就可以编制生产计划和原料订购计划,两者可以同时编制。以生产 P2 为例,其物料清单(BOM)为 R2+R3,其中 R2 订购提前期为 1 季,R3 为两季。

由下表可知手工线(假设其生产周期为 3)第 3 季开始下一批生产,则第 2 季订一个 R2,第 1 季订一个 R3;每 6 季(即第 2 年第 2 季)开始新一批的生产,需要在第 5 季(第 2 年第 1 季)订一个 R2,第 4 季订一个 R3。

表 7.5 生产计划与原料订购计划表

状态	时间(Q)	1	2	3	4	5	6
手工线	产品下线并开始新生产			■			■
	原料订购	R3	R2		R3	R2	
半自动	产品下线并开始新生产			■		■	
	原料订购	R2	R3	R2	R3	R2	
自动线	产品下线并开始新生产	■	■	■	■	■	■
	原料订购	R2+R3	R2+R3	R2+R3	R2+R3	R2	
	合计	2R2+2R3	2R2+2R3	2R2+2R3	2R2+2R3	3R2	

注:年初生产线有在制品在 1Q 位置。

以此类推,可以根据生产线类型(半自动、自动线假设生产周期分别为 2、1)及所生产产品类型计算出何时订购、订购多少。当然实际操作的时候还要考虑原料库存、转产、停产、加工费用、原料到货付款等。原料订购计划做好后,原料付款计划就随即产生了。

7.5.3 如何管理资金——现金为王

以下几种情况,是 ERP 沙盘经营中经常看到的,说明对资金管理还不太理解。下面从资金管理的角度一一进行分析。

- 看到现金库资金不少,心中就比较放心;
- 还有不少现金,可是破产了;
- 能借钱的时候就尽量多借点,以免第2年借不到。

库存资金越多越好吗?当然不是,资金如果够用,越少越好。资金从哪里来,可能是银行贷款,这是要付利息的,短贷利率最低,也要5%;也可能是销售回款,放在家里不是白白浪费吗,放银行多少也有些利息。

现金不少,破产了,很多同学这个时候会一脸茫然。破产有两种情况,一是权益为负,二是资金断流。此时破产,必是权益为负。权益和资金是两个概念,千万不要混淆,这两者之间有什么关系呢?从短期看,两者是矛盾的,资金越多,需要付出的资金成本也越多,反而会降低本年权益;从长期看,两者又是统一的,权益高了,就可以从银行借更多的钱,要知道,银行最大的特点是"嫌贫爱富"。企业经营,特别是在初期,在这两者间会相当纠结,要想发展,做大做强,必须得借、投资,但这时受制于权益,借钱受到极大的限制,又如何发展呢?这是企业经营之初的"哥德巴赫猜想",破解了这个难题,经营也就成功了一大半。在权益较大的时候多借些,以免来年权益降了借不到。这个观点有一定的道理。但是也不能盲目借款,否则以后一直会背着沉重的财务负担,甚至会还不出本金,这不就是我们常讲的饮鸩止渴吗?

通过以上分析,我们可以看出,资金管理对企业经营的重要性。资金是企业日常经营的"血液",断流一天都不可。我们将可能涉及资金流入流出的业务汇总后,不难发现其基本上涵盖了所有的业务。如果将来可能的发生额填入表中,就自然形成了资金预算表。如果出现断流,必须及时调整,看看哪里会有资金流入,及时给予补充。

另外,我们通过资金预算表可以发现,资金流入项目实在太有限了,其中对权益没有损伤的仅有"收到应收款",而其他流入项目都对权益有"负面"影响。长短贷、贴现——会增加财务费用;出售生产线——损失了部分净值;虽然出售厂房不影响权益,但是购置厂房的时候是一次性付款,而出售后得到的只能是4期应收款,损失了一年的时间,如果贴现也需要付费。

资金预算的意义:首先需保证企业正常运作,不发生断流,否则就是破产出局;其次,合理安排资金,降低资金成本,使股东权益最大化。资金预算、销售计划、开工计划和原料订购计划综合使用,既可保证各计划正常执行,又可防止出现不必要的浪费,如库存积压、生产线停产、盲目超前投资等。同时,如果市场形势、竞争格局发生改变,资金预算必须进行动态调整,适应要求。可以讲资金的合理安排,为其他部门的正常运转提供了强有力的保障。

7.5.4 用数字说话——找出不赚钱的原因

下面两张表是某企业6年的综合费用表和利润表(数据来源于电子沙盘,初始现金为60 W)。

表 7.6 某企业综合费用表

年度\项目	第1年	第2年	第3年	第4年	第5年	第6年
管理费	4	4	4	4	4	4
广告费	0	6	9	8	12	14
维修费	0	3	5	5	5	5
损失	0	7	0	0	0	0
转产费	0	0	0	0	0	0
厂房租金	5	5	5	5	5	5
新市场开拓	3	1	0	0	0	0
ISO资格认证	1	1	0	0	0	0
产品研发	4	3	3	0	0	0
信息费	0	0	0	0	0	0
合计	17	30	26	22	26	28

表 7.7 某企业利润表

年度\项目	第1年	第2年	第3年	第4年	第5年	第6年
销售收入	0	39	85	113	163	137
直接成本	0	18	33	46	75	67
毛利	0	21	52	67	88	70
综合费用	17	30	26	22	26	28
折旧前利润	−17	−9	26	45	62	42
折旧	0	0	10	16	16	16
支付利息前利润	−17	−9	16	29	46	26
财务费用	0	4	12	17	10	12
税前利润	−17	−13	4	12	36	14
所得税	0	0	0	0	5	3
年度净利润	−17	−13	4	12	31	11

我们发现该企业除第5年以外,其余年份业绩平常;从第3年起,销售收入增长较快,但利润增长乏力。干得挺辛苦,就是不赚钱。

1. 全成本分析——钱花哪去了

将企业各年度成本汇总,1代表当年的销售额,各方块表示各类成本分摊比例,如图7.35所示:

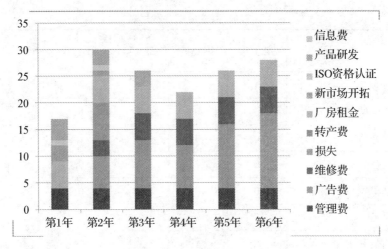

图 7.35　各年度成本汇总图

当年各方块累加高度大于 1，表示亏损；低于 1 表示盈利。

提示：

• 经营费＝综合费用＋管理费＋广告费。

第 1 年没有销售，第 2 年经营费较高，主要因为出现了损失，查找经营记录，原来是高价向其他企业采购了 3 个 P2，看来选单发生了重大失误或者生产和销售没有衔接好；直接成本也较高，主要是因为订单的利润不高。

第 3 年和第 4 年经营基本正常，也开始略有盈利，企业逐步走上正轨，但是财务费用较高，看来资金把控能力还不足。

第 5 年利润较高，但直接成本也较高，毛利率不理想，看来对市场研究还不够透彻，订单利润不高。

第 6 年广告有问题，其效益还不如第 5 年，毛利率也不够理想。

2. 产品贡献度——产什么合算

我们将各类成本按产品分类，这里要注意，经营费用、财务费用的分摊比例并不是非常明确，可以根据经验来确定。我们发现 P2 比 P3 赚钱，P3 的直接成本高，看来产品的毛利润不理想；同时分摊的折旧比例较高，主要是因为生产 P3 的生产线的建成时机不好，选在第 3 年第 4 季建成，导致无形中多提了一年折旧，可以考虑缓建一季，省一年折旧费。

3. 量本利分析——产多少才赚钱

销售额和销售数量成正比，而企业成本支出分为固定成本和变动成本两部分，固定成本和销售数量无关，如综合费用、折旧及利息等。成本曲线和销售金额曲线交点即为盈亏平衡点。

通过图 7.36，我们可以分析出，盈利不佳，是因为成本过高或产量不足。

7.5.5　战略——谋定而后动

以下几种情况是 ERP 沙盘经营中经常会碰

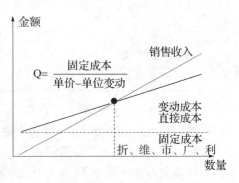

图 7.36　量本利分析

到的。
- 盲目建了3条,甚至4条自动性或柔性线,建成后发现流动资金不足了,只好停产。
- 脑子一发热,抢来市场老大,第2年拱手相让。
- 在某个市场狠砸一通广告,却发现并没有什么竞争对手,造成了极大的浪费。
- 开发了产品资格、市场资格,却始终没有用上。
- 还没有搞清楚要生产什么产品,就匆匆忙忙采购了一堆原料。
- 销售不错,利润就是上不去。

很多经营者,一直是糊里糊涂的,这是典型的没有战略的表现。所谓战略,用迈克尔·波特的话说就是企业各项运作活动之间建立的一种配称。企业所拥有的资源是有限的,如何分配这些资源,使企业价值最大化,这就是配称。目标和资源之间必须是匹配的,不然目标再远大,实现不了,只能沦为空想。

ERP沙盘模拟经营必须在经营之初进行如下几个战略问题的思考。
- 企业的经营目标核心是盈利目标,还包括市场占有率、无形资产占用等目标。
- 开发什么市场?何时开发?
- 开发什么产品?何时开发?
- 开发什么ISO认证?何时开发?
- 建设什么生产线?何时建设?
- 融资规划。

ERP沙盘模拟经营中为了实现战略目标,最有效的工具是做长期资金规划,预先将6年的资金预算一并做出,就形成了资金规则。同时将6年预测财务报表、生产计划、采购计划也完成,就形成了一套可行的战略。当然仅一套战备是不够的,事先需要形成数套战略;同时在执行的过程中做动态调整,可以根据图7.37所示的思路进行调整。

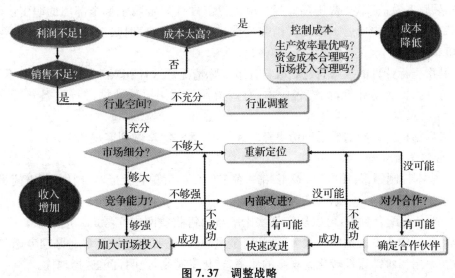

图 7.37 调整战略

有两点要引起重视。①在战略的制定和执行过程中,永远不要忘记你的对手,对手的一举一动都会对你产生重大影响;②前3年是经营的关键,此时企业资源较少,战略执行必须步步为营,用好每一分钱。而且前期若是被对手拉大差距,后期想追赶是很难的。第1年浪费1万,可能会导致第6年权益相差几十万,这就是"蝴蝶效应"。

7.5.6 财务分析

1. 杜邦分析——找出影响利润的因素

杜邦分析体系是一种比较实用的财务比率分析体系。这种分析最早应用于美国杜邦公司,故得此名。

杜邦分析法利用几种主要的财务比率之间的关系来综合地分析企业的财务状况,用来评价企业赢利能力和股东权益回报水平。它的基本思想是将企业的净资产收益率(ROE)逐级分解为多项财务比率的乘积,有助于深入分析和比较企业的经营业绩。

2. 经营能力指标分析

经营能力分析包括收益力、成长力、安定力、活动力和生产力等五力分析。

7.5.7 岗位评价

目前沙盘比赛都是对企业的整体经营业绩进行积分评价。这种评价可以展现整个小组的经营业绩,但小组成员如何评价,特别是与其他小组成员如何进行比较是个难题。现实中可以发现有些队可能因为有一到两位超人,使企业业绩不错,而其余队员仅仅是扮演"打酱油"的角色。因此以企业的业绩来简单评价成员是不全面的,说服力不足。一个小组业绩不佳,也不能说明每位成员的能力都不强。

沙盘模拟非常讲究团队合作,但也需要透彻"剖析"各个岗位的经营得失,尽可能"量化"各岗位"绩效",并指出改进方向,这无疑对学生能力的提高是大有帮助的。

岗位评价需要注意以下几个问题:

• 首先是评价指标按职责分类。企业经营是一个整体,要想"绝对"没有关联地"区分"每个岗位的"贡献"是不可能的。如广告投入费用过大,其责任是属于"营销总监"没有成本意识还是"财务总监"不会费用预算呢?以此只能硬性规定属于哪个部门的职责由哪个部门来负责。比如广告费属于市场营销部负责。而其他影响,划归为"团队合作"问题,由总裁CEO负责。

• 其次指标计算的"原始数据"取自各组实际情况。这样相对来说比较客观,不易引发争议。有些指标容易计算,如广告成本;有些指标需要用原始数据进行数据分析,如团队合作。

• 最后指标的评判需要借助历史经验和数据,无法完全做到客观和量化。

1. 营销总监评价

(1) 成本控制因素:用"广告费用/销售额"及"所接订单直接成本/销售额"来衡量,两个指标越小说明营销总监策划的广告效果越好。

(2) 现金流配合意识:可以从应收款比率与销售收益两方面考虑。应收款比率指应收款在流动资产中所占的比率。太大,意味资金风险大,说明在选择订单时账期考虑欠周到;销售收益率指当年销售额转化为现金的比率,转化率越高,说明订单选择越优。

(3) 市场份额:各组销售所占市场份额比率可以反映市场开拓、ISO认证的意识和效果;至于产能、研发、现金流控制等因素则可划归为"团队合作"评价。

(4) 客户满意度:有关客户满意度的评价可以用"当年未交货订单"的金额或者数量进

行评价。至于产能、生产计划、采购计划、研发等影响因素划归为"团队合作"评价。

(5) 市场定位准确性:可以用各队在各个市场份额的排名情况来判定。若在某个市场的份额排名越靠前,认为其定位准确性越高。

2. 财务总监的评价

(1) 财务成本控制:该因素主要涉及长短期贷款利息、应收款贴息等。财务成本大就说明该财务总监的融资意识、现金流控制意识比较差。

(2) 现金流控制:该因素主要考虑安定力因素(如速动比率),体现财务总监现金流控制意识。

(3) 财务杠杆意识:能否正确运用贷款来提高股东回报率。

(4) 费用控制意识:主要体现在各项费用投资的回报率上,比如研发投资的回报率。当然,该指标与其他岗位因素有密切的关系,可将其划归为"团队合作"因素评价。

3. 生产总监评价

(1) 产能计算意识:这是生产总监的基本职能,能否在运营过程中进行正确产能计算可以判定其管理意识是否清晰。

(2) 产品库存控制:若累计库存过大,势必会造成"资金不合理占用"、采购计划不精准、资金周转率不高等。

(3) 费用控制:该因素主要体现在研发投资回报、生产线建设投资回收期、厂房租金成本、生产线转产成本等方面。

4. 采购总监评价

(1) 原料计算的准确性:这是采购总监的基本职能,能否在运营过程中进行正确产能计算可以判定管理意识是否清晰。

(2) 原料库存的控制:能否控制原料库存,使其既能保证正常生产和转产等方面的需要,又不会积压。

5. 总裁 CEO 评价

CEO 应当对整体经营负责,所以对 CEO 的评价因素应当体现在以下几个方面。

- 股东满意度:最后的各小组根据公式"总成绩=所有者权益×(1+企业综合发展潜力/100)-罚分"计算分数,可以作为股东满意度的最终指标,且是核心指标。

- 总成本控制:所有费用的成本分摊累计可以作为 CEO 的一个评价因素。尽管费用成本与各岗位职责相关,但最终决策是得到 CEO 认同的。因此,CEO 必须对最终总成本负责。

- 团队合作:可以将各小组内表现的最差岗位与最佳岗位之落差作为评价指标。CEO 的责任之一就是不断改进,使小组的最"短板"得到提高,以此来提高整个团队的业绩。

- 企业成长:资产规模的增长情况可以说明企业成长的好坏。

- 市场战略:市场战略方向是否合理,可以通过考察各市场份额来评判。

第八章　主要的经营决策模拟比赛介绍

8.1　全国高等院校与MBA培养院校企业竞争模拟大赛

企业竞争模拟是运用计算机技术产生模拟的企业竞争环境，模拟参加者组成虚拟的公司，在模拟的市场环境里进行经营决策的训练。企业竞争模拟的主要目的是培养学生在变化多端的经营环境下，面对多个竞争对手，正确制定企业的决策，达到企业的战略目标。企业竞争模拟引导学生全面灵活地运用管理学各学科的知识，提高分析、判断和应变能力，培养团队合作精神。决策模拟所具有的竞争性、趣味性、实用性是其他课堂教学形式难以比拟的。全国MBA培养院校自2001年起开始举办，并在2010年将该赛事推广到所有高等院校，以促进更多院校学生之间的交流，提升大学生的管理实践能力。实践证明，这种比赛对促进管理理论与实践的结合，对增进院校之间的友谊，对培养学生的竞争意识和团队合作精神，具有重要的意义。

全国高等院校企业竞争模拟大赛由高等学校国家级实验教学示范中心联席会主办，中国管理现代化研究会决策模拟专业委员会承办。

全国高等院校企业竞争模拟大赛一般每年3月份开始，各高校实行限额参赛。参加全国高等院校企业竞争模拟大赛网络比赛不收费，晋级现场总决赛后，收取每个队伍1 500元费用，专用于大赛的组织与奖励。有关大赛具体规则和详细内容，可参阅大赛网站（http://www.bizsim.cn）的相关内容。

全国MBA院校企业竞争模拟大赛由全国工商管理专业学位研究生教育指导委员会（原全国工商管理硕士教育指导委员会）主办，中国管理现代化研究会决策模拟专业委员会承办。大赛一般每年3月份开始，各高校实行限额参赛。学校名额的确定由各高校MBA培养单位所在的管理学院或商学院负责。报名费用为每个参赛队交纳200元报名费，专用于大赛的组织与奖励。有关大赛的具体规则和详细内容可以参阅大赛网站（http://www.bizsim.cn）的相关内容。

8.2　"用友"ERP企业沙盘对抗大赛

"用友杯"ERP沙盘模拟对抗赛是集知识性、趣味性、对抗性于一体的大型企业管理技能竞赛。参赛学生被分成若干个团队，每个团队5人，各代表着CEO（首席执行官）、CFO

（首席财务）、市场经理、生产经理和采购经理。每个团队经营一个拥有1亿资产的销售良好、资金充裕的虚拟公司,连续从事6个会计年度的经营活动。通过直观的企业沙盘,模拟企业实际运行状况,内容涉及企业整体战略、产品研发、生产、市场、销售、财务管理、团队协作等多个方面。

比赛采用评委打分制,通过对"最终的权益""生产能力""市场和现金流"等每个企业的主要企业经营业绩的定量考量,决出冠军、亚军、季军三类奖项。

比赛时间:每年6月份举办各省选拔赛,7月份在北京举行全国总决赛。

8.3 GMC国际企业管理挑战赛

国际企业管理挑战赛(GMC)20多年前起源于欧洲,为一年一度的国际赛事。目前已有中国、英国、法国、意大利、西班牙、巴西、德国、摩洛哥、墨西哥、葡萄牙、波兰、捷克、斯洛伐克、新加坡、比利时、卢森堡、罗马尼亚、丹麦、希腊、瑞士、卡塔尔等国家以及中国香港、中国澳门地区参赛。挑战赛的国际组委会常设在葡萄牙里斯本。

比赛由5人组成的参赛队经营一家虚拟的企业,队员分别扮演总经理、生产、营销、人力资源、财务、研发等部门经理。比赛前队员会得到一本《参赛手册》,内容囊括了经过提炼的企业管理中所遇到的几乎所有问题(如经营背景、市场营销、生产与分销、人力资源管理、财务管理和会计)和详细的比赛方法;队员还会得到一套《公司历史》,内容是参赛队着手经营的虚拟公司最近5个财政季度的决策及经营状况。队员根据现代企业管理知识对该企业每季度的经营做出一系列的决策,与同一市场的其他7个虚拟企业竞争。

决策涉及企业的发展战略、生产、研发、营销、人力资源、投资及财务等方方面面,同时还穿插着金融、贸易、会计、期货、投资、信息技术等许多重要的实务性学科,最大限度地模拟一个公司在市场经济条件下真实运作状况。

比赛时间:每年的7月开始报名,9月份开始比赛。

比赛网址:http://www.gmc-china.net

比赛费用:初赛每个参赛队的参赛费为100元。复赛收费标准不变,即学生队每队收取参赛费3 000元,企业参赛队或企业冠名的学生队每队收参赛费8 000元,学生企业联队每队收取参赛费5 000元。

GMC中国赛区奖励方案:

冠军:团队奖金人民币8 000元,证书每人一张,组委会负责队员赴欧洲参加国际总决赛的国外费用。

亚军:团队奖金人民币5 000元,证书每人一张。

季军:团队奖金人民币3 000元,证书每人一张。

国际企业管理挑战赛 决策单

	联系人姓名		中文队名		电话号	
A	组别	公司号	识别号	年度		季度

			产品1	产品2	产品3
B	生产并交付产品数				
		中国国内代理商			
		北美自由贸易区经销商			
		国际互联网经销商			

			产品1	产品2	产品3
C	价格 (RMB10)	中国国内	0	0	0
		北美自由贸易区	0	0	0
		国际互联网	0	0	0

			公司形象	产品1	产品2	产品3
D	广告支出 (RMB10,000)					
		中国国内	0 0 0 0	0 0 0 0	0 0 0 0	0 0 0 0
		北美自由贸易区	0 0 0 0	0 0 0 0	0 0 0 0	0 0 0 0
		国际互联网	0 0 0 0	0 0 0 0	0 0 0 0	0 0 0 0

		产品1	产品2	产品3
E	产品组装时间 (分钟)			
F	产品改进 (要=1; 不要=0)			
G	产品研发费用 (RMB10,000)	0 0 0 0	0 0 0 0	0 0 0 0

		现货	3个月后	6个月后
H	原材料的订购 (1,000单位)	0 0 0	0 0 0	0 0

			下季度总需求数	支持费用 (RMB10,000)	佣金 %
J	代理商和经销商	中国国内代理商		0 0 0 0	.
		北美自由贸易区经销商		0 0 0 0	.
		国际互联网经销商		0 0 0 0	.

K	生产	欲购机器		网站接口数	
L	欲售机器		网站建设 (RMB10,000)	0 0 0 0	
M	每台机器维修时数 (小时)				
N	组装工人小时工资 (RMB元)	.	轮班次数 (1-3)		
P	组装工人的雇佣(+)/解雇(-)		培训组装工人		
Q	投资 (+/- RMB10,000)	0 0 0 0	贷款 (RMB10,000)	0 0 0 0	
R	管理预算 (RMB10,000)	0 0 0 0	% 股息		
S	信息	公司活动 (要=1; 不要=0)	市场占有率 (要=1; 不要=0)		

图8.1 国际企业管理挑战赛决策单

8.4 "欧莱雅"校园市场策划大赛 L'Oreal Brandstorm

（1）"欧莱雅"校园市场策划大赛 L'Oreal Brandstorm 的特别之处在于给予学生们逼真的品牌管理和营销经历，参赛者以国际品牌经理的身份为欧莱雅公司的一个品牌设计一套崭新的营销策略，是能够让同学真正地将课堂知识运用于实践的最佳途径，也几乎是每个有志于成为市场营销专家的同学实现梦想之路。

- 分析市场环境，明确目标顾客，发展一套全新的市场策略。
- 与国际知名广告代理公司合作，设计新品包装、创造一系列沟通活动。
- 向欧莱雅集团的经理们提出自己的营销方案。
- 获得进入欧莱雅公司实习和工作的机会。

（2）Brandstorm 校园市场策划大赛，每一年赋予同学们一个全新、前瞻的命题，鼓励同学们用天马行空的创意以一个品牌经理的意识，将对美与市场营销的认识描绘成一个具体的产品并赋予它完整的市场推广策略。近年来兰蔻美体产品、薇姿防晒系列、美宝莲的第一款香水、DIESEL 美容产品系列以及巴黎欧莱雅沙龙专属先后成为了该项比赛的题目。

（3）"欧莱雅"校园市场策划大赛 L'Oreal Brandstorm 问世至今，截止到 2015 年，24 年来，吸引了超过 45 个国家的 80 000 多名大学生踊跃参与。该项目从 2003 年进入中国便风靡校园，仅 2016 年报名团队就超过 600 多个。亲身体验 L'Oreal Brandstorm 的冒险历程，获得专业品牌营销的经验和与欧莱雅公司的深入接触成为学生们向往的目标。

（4）"欧莱雅"校园市场策划大赛 L'Oreal Brandstorm 也是学生了解欧莱雅、进入欧莱雅工作的绝佳途径。这项比赛只对未来两年内毕业的同学开放。每一年欧莱雅招聘到的管理培训生中，有超过 33% 来自这项比赛。可以说，Brandstorm 校园市场策划大赛既是一项体验最专业市场策略的比赛，又是一条通往欧莱雅的捷径。

（5）参赛时间：大约每年 11 月份，具体时间参照网址：www.brandstorm.loreal.com

（6）参赛对象：全日制在校本科生、研究生；3 人组队，且必须来自同一高校。

附录一:Excel 常用统计函数

1. AVEDEV

用途:返回一组数据与其平均值的绝对偏差的平均值,该函数可以评测数据(例如学生的某科考试成绩)的离散度。

语法:AVEDEV(number1,number2,…)

参数:number1、number2、…是用来计算绝对偏差平均值的一组参数,其个数可以在1至30个之间。

实例:如果 A1=79、A2=62、A3=45、A4=90、A5=25,则公式"=AVEDEV(A1:A5)"返回 20.16。

2. AVERAGE

用途:计算所有参数的算术平均值。

语法:AVERAGE(number1,number2,…)。

参数:number1、number2、…是要计算平均值的 1 至 30 个参数。

实例:如果 A1:A5 区域命名为分数,其中的数值分别为 100、70、92、47 和 82,则公式"=AVERAGE(分数)"返回 78.2。

3. AVERAGEA

用途:计算参数清单中数值的平均值。它与 AVERAGE 函数的区别在于不仅数字,而且文本和逻辑值(如 TRUE 和 FALSE)也参与计算。

语法:AVERAGEA(value1,value2,…)

参数:value1、value2、…为需要计算平均值的 1 至 30 个单元格、单元格区域或数值。

实例:如果 A1=76,A2=85、A3=TRUE,则公式"=AVERAGEA(A1:A3)"返回 54〔即(76+85+1)/3=54〕。

4. BETADIST

用途:返回 beta 分布累积函数的函数值。Beta 分布累积函数通常用于研究样本集合中某些事物的发生和变化情况。例如,人们一天中看电视的时间比率。

语法:BETADIST(x,alpha,beta,A,B)

参数:x 用来进行函数计算的值,必须居于可选性上下界(A 和 B)之间。alpha 分布的参数。beta 分布的参数。A 是数值 x 所属区间的可选下界,B 是数值 x 所属区间的可选上界。

实例:公式"=BETADIST(2,8,10,1,3)"返回 0.685470581。

5. BETAINV

用途:返回 beta 分布累积函数的逆函数值。即,如果 probability=BETADIST(x,…),

则 BETAINV(probability,…)=x。beta 分布累积函数可用于项目设计,在给出期望的完成时间和变化参数后,模拟可能的完成时间。

语法:BETAINV(probability,alpha,beta,A,B)

参数:probability 为 Beta 分布的概率值,alpha 分布的参数,beta 分布的参数,A 数值 x 所属区间的可选下界,B 数值 x 所属区间的可选上界。

实例:公式"=BETAINV(0.685470581,8,10,1,3)"返回 2。

6. BINOMDIST

用途:返回一元二项式分布的概率值。BINOMDIST 函数适用于固定次数的独立实验,实验的结果只包含成功或失败 2 种情况,且成功的概率在实验期间固定不变。例如,它可以计算掷 10 次硬币时正面朝上 6 次的概率。

语法:BINOMDIST(number_s,trials,probability_s,cumulative)

参数:number_s 为实验成功的次数,trials 为独立实验的次数,probability_s 为一次实验中成功的概率,cumulative 是一个逻辑值,用于确定函数的形式。如果 Cumulative 为 TRUE,则 BINOMDIST 函数返回累积分布函数,即至多 number_s 次成功的概率;如果为 FALSE,返回概率密度函数,即 number_s 次成功的概率。

实例:抛硬币的结果不是正面就是反面,第一次抛硬币为正面的概率是 0.5。则掷硬币 10 次中 6 次的计算公式为"=BINOMDIST(6,10,0.5,FALSE)",计算的结果等于 0.205078。

7. CHIDIST

用途:返回 $c2$ 分布的单尾概率。$c2$ 分布与 $c2$ 检验相关。使用 $c2$ 检验可以比较观察值和期望值。例如,某项遗传学实验假设下一代植物将呈现出某一组颜色。使用此函数比较观测结果和期望值,可以确定初始假设是否有效。

语法:CHIDIST(x,degrees_freedom)

参数:x 是用来计算 $c2$ 分布单尾概率的数值,degrees_freedom 是自由度。

实例:公式"=CHIDIST(1,2)"的计算结果等于 0.606530663。

8. CHIINV

用途:返回 $c2$ 分布单尾概率的逆函数。如果 probability=CHIDIST(x,?),则 CHIINV(probability,?)=x。使用此函数比较观测结果和期望值,可以确定初始假设是否有效。

语法:CHIINV(probability,degrees_freedom)

参数:probability 为 $c2$ 分布的单尾概率,degrees_freedom 为自由度。

实例:公式"=CHIINV(0.5,2)"返回 1.386293564。

9. CHITEST

用途:返回相关性检验值,即返回 $c2$ 分布的统计值和相应的自由度,可使用 $c2$ 检验确定假设值是否被实验所证实。

语法:CHITEST(actual_range,expected_range)

参数:actual_range 是包含观察值的数据区域,expected_range 是包含行列汇总的乘积与总计值之比的数据区域。

实例:如果 A1=1、A2=2、A3=3、B1=4、B2=5、B3=6,则公式"=CHITEST(A1:

A3,B1:B3)"返回 0.062349477。

10. CONFIDENCE

用途:返回总体平均值的置信区间,它是样本平均值任意一侧的区域。例如,某班学生参加考试,依照给定的置信度,可以确定该次考试的最低和最高分数。

语法:CONFIDENCE(alpha,standard_dev,size)。

参数:alpha 是用于计算置信度(它等于 100*(1-alpha)%,如果 alpha 为 0.05,则置信度为 95%)的显著水平参数,standard_dev 是数据区域的总体标准偏差,size 为样本容量。

实例:假设样本取自 46 名学生的考试成绩,他们的平均分为 60,总体标准偏差为 5 分,则平均分在下列区域内的置信度为 95%。公式"=CONFIDENCE(0.05,5,46)"返回 1.44,即考试成绩为 60±1.44 分。

11. CORREL

用途:返回单元格区域 array1 和 array2 之间的相关系数。它可以确定两个不同事物之间的关系,例如检测学生的物理与数学学习成绩之间是否关联。

语法:CORREL(array1,array2)

参数:Array1 第一组数值单元格区域。Array2 第二组数值单元格区域。

实例:如果 A1=90、A2=86、A3=65、A4=54、A5=36、B1=89、B2=83、B3=60、B4=50、B5=32,则公式"=CORREL(A1:A5,B1:B5)"返回 0.998876229,可以看出 A、B 两列数据具有很高的相关性。

12. COUNT

用途:返回数字参数的个数。它可以统计数组或单元格区域中含有数字的单元格个数。

语法:COUNT(value1,value2,…)。

参数:value1,value2,…是包含或引用各种类型数据的参数(1 至 30 个),其中只有数字类型的数据才能被统计。

实例:如果 A1=90、A2=人数、A3="",A4=54、A5=36,则公式"=COUNT(A1:A5)"返回 3。

13. COUNTA

用途:返回参数组中非空值的数目。利用函数 COUNTA 可以计算数组或单元格区域中数据项的个数。

语法:COUNTA(value1,value2,…)

说明:value1,value2,…所要计数的值,参数个数为 1 至 30 个。在这种情况下的参数可以是任何类型,它们包括空格但不包括空白单元格。如果参数是数组或单元格引用,则数组或引用中的空白单元格将被忽略。如果不需要统计逻辑值、文字或错误值,则应该使用 COUNT 函数。

实例:如果 A1=6.28、A2=3.74,其余单元格为空,则公式"=COUNTA(A1:A7)"的计算结果等于 2。

14. COUNTBLANK

用途:计算某个单元格区域中空白单元格的数目。

语法:COUNTBLANK(range)

参数:range 为需要计算其中空白单元格数目的区域。

实例:如果 A1=88、A2=55、A3="""、A4=72、A5="""，则公式"=COUNTBLANK(A1:A5)"返回 2。

15. COUNTIF

用途:计算区域中满足给定条件的单元格的个数。

语法:COUNTIF(range,criteria)

参数:range 为需要计算其中满足条件的单元格数目的单元格区域。criteria 为确定哪些单元格将被计算在内的条件,其形式可以为数字、表达式或文本。

16. COVAR

用途:返回协方差,即每对数据点的偏差乘积的平均数。利用协方差可以研究两个数据集合之间的关系。

语法:COVAR(array1,array2)

参数:array1 是第一个所含数据为整数的单元格区域,array2 是第二个所含数据为整数的单元格区域。

实例:如果 A1=3、A2=2、A3=1、B1=3600、B2=1500、B3=800,则公式"=COVAR(A1:A3,B1:B3)"返回 933.3333333。

17. CRITBINOM

用途:返回使累积二项式分布大于等于临界值的最小值,其结果可以用于质量检验。例如决定最多允许出现多少个有缺陷的部件,才可以保证当整个产品在离开装配线时检验合格。

语法:CRITBINOM(trials,probability_s,alpha)

参数:trials 是伯努利实验的次数,probability_s 是一次试验中成功的概率,alpha 是临界值。

实例:公式"=CRITBINOM(10,0.9,0.75)"返回 10。

18. DEVSQ

用途:返回数据点与各自样本平均值的偏差的平方和。

语法:DEVSQ(number1,number2,…)

参数:number1、number2、…是用于计算偏差平方和的 1 到 30 个参数。它们可以是用逗号分隔的数值,也可以是数组引用。

实例:如果 A1=90、A2=86、A3=65、A4=54、A5=36,则公式"=DEVSQ(A1:A5)"返回 2020.8。

19. EXPONDIST

用途:返回指数分布。该函数可以建立事件之间的时间间隔模型,如估计银行的自动取款机支付一次现金所花费的时间,从而确定此过程最长持续一分钟的发生概率。

语法:EXPONDIST(x,lambda,cumulative)。

参数:x 函数的数值,lambda 参数值,cumulative 为确定指数函数形式的逻辑值。如果 cumulative 为 TRUE,EXPONDIST 返回累积分布函数;如果 cumulative 为 FALSE,则返回概率密度函数。

实例:公式"=EXPONDIST(0.2,10,TRUE)"返回 0.864665,=EXPONDIST(0.2,10,FALSE)返回 1.353353。

20. FDIST

用途:返回 F 概率分布,它可以确定两个数据系列是否存在变化程度上的不同。例如,通过分析某一班级男、女生的考试分数,确定女生分数的变化程度是否与男生不同。

语法:FDIST(x,degrees_freedom1,degrees_freedom2)

参数:x 是用来计算概率分布的区间点,degrees_freedom1 是分子自由度,degrees_freedom2 是分母自由度。

实例:公式"=FDIST(1,90,89)"返回 0.500157305。

21. FINV

用途:返回 F 概率分布的逆函数值,即 F 分布的临界值。如果 p=FDIST(x,…),则 FINV(p,…)=x。

语法:FINV(probability,degrees_freedom1,degrees_freedom2)

参数:probability 是累积 F 分布的概率值,degrees_freedom1 是分子自由度,degrees_freedom2 是分母自由度。

实例:公式"=FINV(0.1,86,74)"返回 1.337888023。

22. FISHER

用途:返回点 x 的 FISHER 变换。该变换生成一个近似正态分布而非偏斜的函数,使用此函数可以完成相关系数的假设性检验。

语法:FISHER(x)

参数:x 为一个数字,在该点进行变换。

实例:公式"=FISHER(0.55)"返回 0.618381314。

23. FISHERINV

用途:返回 FISHER 变换的逆函数值,如果 y=FISHER(x),则 FISHERINV(y)=x。上述变换可以分析数据区域或数组之间的相关性。

语法:FISHERINV(y)

参数:y 为一个数值,在该点进行反变换。

实例:公式"=FISHERINV(0.765)"返回 0.644012628。

24. FORECAST

用途:根据一条线性回归拟合线返回一个预测值。使用此函数可以对未来销售额、库存需求或消费趋势进行预测。

语法:FORECAST(x,known_y's,known_x's)。

参数:x 为需要进行预测的数据点的 X 坐标(自变量值)。Known_y's 是从满足线性拟合直线 y=kx+b 的点集合中选出的一组已知的 y 值,Known_x's 是从满足线性拟合直线 y=kx+b 的点集合中选出的一组已知的 x 值。

实例:公式"=FORECAST(16,{7,8,9,11,15},{21,26,32,36,42})"返回 4.378318584。

25. FREQUENCY

用途：以一列垂直数组返回某个区域中数据的频率分布。它可以计算出在给定的值域和接收区间内，每个区间包含的数据个数。

语法：FREQUENCY(data_array,bins_array)

参数：data_array 是用来计算频率一个数组，或对数组单元区域的引用。bins_array 是数据接收区间，为一数组或对数组区域的引用，设定对 data_array 进行频率计算的分段点。

26. FTEST

用途：返回 F 检验的结果。它返回的是当数组 1 和数组 2 的方差无明显差异时的单尾概率，可以判断两个样本的方差是否不同。例如，给出两个班级同一学科考试成绩，从而检验是否存在差别。

语法：FTEST(array1,array2)

参数：array1 是第一个数组或数据区域，array2 是第二个数组或数据区域。

实例：如果 A1=71、A2=83、A3=76、A4=49、A5=92、A6=88、A7=96，B1=59、B2=70、B3=80、B4=90、B5=89、B6=84、B7=92，则公式"=FTEST(A1：A7,B1：B7)"返回 0.519298931。

27. GAMMADIST

用途：返回伽玛分布。可用它研究具有偏态分布的变量，通常用于排队分析。

语法：GAMMADIST(x,alpha,beta,cumulative)。

参数：x 为用来计算伽玛分布的数值，alpha，beta 是 γ 分布的参数。如果 beta=1，GAMMADIST 函数返回标准伽玛分布。cumulative 为一逻辑值，决定函数的形式。如果 cumulative 为 TRUE，GAMMADIST 函数返回累积分布函数；如果为 FALSE，则返回概率密度函数。

实例：公式"=GAMMADIST(10,9,2,FALSE)"的计算结果等于 0.032639，"=GAMMADIST(10,9,2,TRUE)"返回 0.068094。

28. GAMMAINV

用途：返回具有给定概率的伽玛分布的区间点，用来研究出现分布偏斜的变量。如果 P=GAMMADIST(x,…)，则 GAMMAINV(p,…)=x。

语法：GAMMAINV(probability,alpha,beta)

参数：Probability 为伽玛分布的概率值，Alpha，Beta 是 γ 分布的参数。如果beta=1，函数 GAMMAINV 返回标准伽玛分布。

实例：公式"=GAMMAINV(0.05,8,2)"返回 7.96164386。

29. GAMMALN

用途：返回伽玛函数的自然对数 $\Gamma(x)$。

语法：GAMMALN(x)

参数：X 为需要计算 GAMMALN 函数的数值。

实例：公式"=GAMMALN(6)"返回 4.787491743。

30. GEOMEAN

用途：返回正数数组或数据区域的几何平均值。可用于计算可变复利的平均增长率。

语法：GEOMEAN(number1,number2,…)

参数：number1,number2,…为需要计算其平均值的1到30个参数，除了使用逗号分隔数值的形式外，还可使用数组或对数组的引用。

实例：公式"＝GEOMEAN（1.2，1.5，1.8，2.3，2.6，2.8，3）"的计算结果是2.069818248。

31. GROWTH

用途：给定的数据预测指数增长值。根据已知的 x 值和 y 值，函数 GROWTH 返回一组新的 x 值对应的 y 值。通常使用 GROWTH 函数拟合满足给定 x 值和 y 值的指数曲线。

语法：GROWTH(known_y's,known_x's,new_x's,const)

参数：known_y's 是满足指数回归拟合曲线 $y=b*m^x$ 的一组已知的 y 值；known_x's 是满足指数回归拟合曲线 $y=b*m^x$ 的一组已知的 x 值的集合（可选参数）；New_x's 是一组新的 x 值，可通过 GROWTH 函数返回各自对应的 y 值；const 为一逻辑值，指明是否将系数 b 强制设为 1，如果 const 为 TRUE 或省略，b 将参与正常计算。如果 const 为 FALSE，b 将被设为 1，m 值将被调整使得 $y=m^x$。

32. HARMEAN

用途：返回数据集合的调和平均值。调和平均值与倒数的算术平均值互为倒数。调和平均值总小于几何平均值，而几何平均值总小于算术平均值。

语法：HARMEAN(number1,number2,…)

参数：number1,number2,…是需要计算其平均值的1到30个参数。可以使用逗号分隔参数的形式，还可以使用数组或数组的引用。

实例：公式"＝HARMEAN(66,88,92)"返回 80.24669604。

33. HYPGEOMDIST

用途：返回超几何分布。给定样本容量、样本总体容量和样本总体中成功的次数，HYPGEOMDIST 函数返回样本取得给定成功次数的概率。

语法：HYPGEOMDIST(sample_s,number_sample,population_s,number_population)

参数：sample_s 为样本中成功的次数，number_sample 为样本容量，population_s 为样本总体中成功的次数，number_population 为样本总体的容量。

实例：如果某个班级有42名学生。其中22名是男生，20名是女生。如果随机选出6人，则其中恰好有3名女生的概率公式是："＝HYPGEOMDIST(3,6,20,42)"，返回的结果为 0.334668627。

34. INTERCEPT

用途：利用已知的 x 值与 y 值计算直线与 y 轴的截距。当已知自变量为零时，利用截距可以求得因变量的值。

语法：INTERCEPT(known_y's,known_x's)

参数：known_y's 是一组因变量数据或数据组，known_x's 是一组自变量数据或数据组。

实例：如果 A1＝71、A2＝83、A3＝76、A4＝49、A5＝92、A6＝88、A7＝96、B1＝59、B2＝70、B3＝80、B4＝90、B5＝89、B6＝84、B7＝92，则公式"＝INTERCEPT(A1：A7,B1：B7)"

返回 87.61058785。

35. KURT

用途：返回数据集的峰值。它反映与正态分布相比时某一分布的尖锐程度或平坦程度，正峰值表示相对尖锐的分布，负峰值表示相对平坦的分布。

语法：KURT(number1,number2,…)

参数：number1,number2,…为需要计算其峰值的 1 到 30 个参数。它们可以使用逗号分隔参数的形式，也可以使用单一数组，即对数组单元格的引用。

实例：如果某次学生考试的成绩为 A1=71、A2=83、A3=76、A4=49、A5=92、A6=88、A7=96，则公式"=KURT(A1：A7)"返回 −1.199009798，说明这次的成绩相对正态分布是一比较平坦的分布。

36. LARGE

用途：返回某一数据集中的某个最大值。可以使用 LARGE 函数查询考试分数集中第一、第二、第三等的得分。

语法：LARGE(array,k)

参数：array 为需要从中查询第 k 个最大值的数组或数据区域，K 为返回值在数组或数据单元格区域里的位置（即名次）。

实例：如果 B1=59、B2=70、B3=80、B4=90、B5=89、B6=84、B7=92,，则公式"=LARGE(B1,B7,2)"返回 90。

37. LINEST

用途：使用最小二乘法对已知数据进行最佳直线拟合，并返回描述此直线的数组。

语法：LINEST(known_y's,known_x's,const,stats)

参数：known_y's 是表达式 $y=mx+b$ 中已知的 y 值集合，known_x's 是关系表达式 $y=mx+b$ 中已知的可选 x 值集合，const 为一逻辑值，指明是否强制使常数 b 为 0，如果 const 为 TRUE 或省略，b 将参与正常计算。如果 const 为 FALSE,b 将被设为 0，并同时调整 m 值使得 $y=mx$。stats 为一逻辑值，指明是否返回附加回归统计值。如果 stats 为 TRUE,函数 LINEST 返回附加回归统计值。如果 stats 为 FALSE 或省略，函数 LINEST 只返回系数 m 和常数项 b。

实例：如果 A1=71、A2=83、A3=76、A4=49、A5=92、A6=88、A7=96，B1=59、B2=70、B3=80、B4=90、B5=89、B6=84、B7=92，则数组公式"{=LINEST(A1：A7,B1：B7)}" 返回 −0.174244885、−0.174244885、−0.174244885、−0.174244885、−0.174244885、−0.174244885、−0.174244885。

38. LOGEST

用途：在回归分析中，计算最符合观测数据组的指数回归拟合曲线，并返回描述该曲线的数组。

语法：LOGEST(known_y's,known_x's,const,stats)

参数：Known_y's 是一组符合 $y=b*m\^x$ 函数关系的 y 值的集合，Known_x's 是一组符合 $y=b*m\^x$ 运算关系的可选 x 值集合，const 是指定是否要设定常数 b 为 1 的逻辑值，如果 const 设定为 TRUE 或省略，则常数项 b 将通过计算求得。

实例：如果某公司的新产品销售额呈指数增长，依次为 A1＝33100、A2＝47300、A3＝69000、A4＝102000、A5＝150000 和 A6＝220000，同时 B1＝11、B2＝12、B3＝13、B4＝14、B5＝15、B6＝16。则使用数组公式"{＝LOGEST(A1：A6,B1：B6,TRUE,TRUE)}"，在 C1：D5 单元格内得到的计算结果是：1.463275628、495.3047702、0.002633403、0.035834282、0.99980862、0.011016315、20896.8011、4、2.53601883 和 0.000485437。

39. LOGINV

用途：返回 x 的对数正态分布累积函数的逆函数，此处的 ln(x) 是含有 mean（平均数）与 standard－dev（标准差）参数的正态分布。如果 p＝LOGNORMDIST(x,…)，那么 LOGINV(p,…)＝x。

语法：LOGINV(probability,mean,standard_dev)

参数：probability 是与对数正态分布相关的概率，Mean 为 ln(x) 的平均数，Standard_dev 为 ln(x) 的标准偏差。

实例：公式"＝LOGINV(0.036,2.5,1.5)"返回 0.819815949。

40. LOGNORMDIST

用途：返回 x 的对数正态分布的累积函数，其中 ln(x) 是服从参数为 mean 和 standard_dev 的正态分布。使用此函数可以分析经过对数变换的数据。

语法：LOGNORMDIST(x,mean,standard_dev)

参数：x 是用来计算函数的数值，Mean 是 ln(x) 的平均值，Standard_dev 是 ln(x) 的标准偏差。

实例：公式"＝LOGNORMDIST(2,5.5,1.6)"返回 0.001331107。

41. MAX

用途：返回数据集中的最大数值。

语法：MAX(number1,number2,…)

参数：number1,number2,…是需要找出最大数值的 1 至 30 个数值。

实例：如果 A1＝71、A2＝83、A3＝76、A4＝49、A5＝92、A6＝88、A7＝96，则公式"＝MAX(A1：A7)"返回 96。

42. MAXA

用途：返回数据集中的最大数值。它与 MAX 的区别在于文本值和逻辑值（如 TRUE 和 FALSE）作为数字参与计算。

语法：MAXA(value1,value2,…)

参数：value1,value2,…为需要从中查找最大数值的 1 到 30 个参数。

实例：如果 A1：A5 包含 0、0.2、0.5、0.4 和 TRUE，则 MAXA(A1：A5)返回 1。

43. MEDIAN

用途：返回给定数值集合的中位数（它是在一组数据中居于中间的数。换句话说，在这组数据中，有一半的数据比它大，有一半的数据比它小）。

语法：MEDIAN(number1,number2,…)

参数：number1,number2,…是需要找出中位数的 1 到 30 个数字参数。

实例：MEDIAN(11,12,13,14,15)返回13；MEDIAN(1,2,3,4,5,6)返回3.5,即3与4的平均值。

44. MIN

用途：返回给定参数表中的最小值。

语法：MIN(number1,number2,…)。

参数：number1,number2,…是要从中找出最小值的1到30个数字参数。

实例：如果A1=71、A2=83、A3=76、A4=49、A5=92、A6=88、A7=96,则公式"=MIN(A1：A7)"返回49；而=MIN(A1：A5,0,-8)返回-8。

45. MINA

用途：返回参数清单中的最小数值。它与MIN函数的区别在于文本值和逻辑值（如TRUE和FALSE)也作为数字参与计算。

语法：MINA(value1,value2,…)

参数：value1,value2,…为需要从中查找最小数值的1到30个参数。

实例：如果A1=71、A2=83、A3=76、A4=49、A5=92、A6=88、A7=FALSE,则公式"=MINA(A1：A7)"返回0。

46. MODE

用途：返回在某一数组或数据区域中的众数。

语法：MODE(number1,number2,…)。

参数：number1,number2,…是用于众数计算的1到30个参数。

实例：如果A1=71、A2=83、A3=71、A4=49、A5=92、A6=88,则公式"=MODE(A1：A6)"返回71。

47. NEGBINOMDIST

用途：返回负二项式分布。当成功概率为常数probability_s时,函数NEGBINOMDIST返回在到达number_s次成功之前,出现number_f次失败的概率。此函数与二项式分布相似,只是它的成功次数固定,试验总数为变量。与二项分布类似的是,试验次数被假设为自变量。

语法：NEGBINOMDIST(number_f,number_s,probability_s)

Number_f是失败次数,Number_s为成功的临界次数,probability_s是成功的概率。

实例：如果要找10个反应敏捷的人,且已知具有这种特征的候选人的概率为0.3。那么,找到10个合格候选人之前,需要对不合格候选人进行面试的概率公式为"=NEGBINOMDIST(40,10,0.3)",计算结果是0.007723798。

48. NORMDIST

用途：返回给定平均值和标准偏差的正态分布的累积函数。

语法：NORMDIST(x,mean,standard_dev,cumulative)

参数：x为用于计算正态分布函数的区间点,mean是分布的算术平均值,standard_dev是分布的标准方差;cumulative为一逻辑值,指明函数的形式。如果cumulative为TRUE,则NORMDIST函数返回累积分布函数；如果为FALSE,则返回概率密度函数。

实例：公式"=NORMDIST(46,35,2.5,TRUE)"返回0.999994583。

49. NORMSINV

用途:返回标准正态分布累积函数的逆函数。该分布的平均值为0,标准偏差为1。

语法:NORMSINV(probability)

参数:probability 是正态分布的概率值。

实例:公式"=NORMSINV(0.8)"返回 0.841621386。

50. NORMSDIST

用途:返回标准正态分布的累积函数,该分布的平均值为0,标准偏差为1。

语法:NORMSDIST(z)

参数:z 为需要计算其分布的数值。

实例:公式"=NORMSDIST(1.5)"的计算结果为 0.933192771。

51. NORMSINV

用途:返回标准正态分布累积函数的逆函数。该分布的平均值为0,标准偏差为1。

语法:NORMSINV(probability)

参数:probability 是正态分布的概率值。

实例:公式"=NORMSINV(0.933192771)"返回 1.499997779(即 1.5)。

52. PEARSON

用途:返回 pearson(皮尔生)乘积矩相关系数 r,它是一个范围在 -1.0 到 1.0 之间(包括 -1.0 和 1.0 在内)的无量纲指数,反映了两个数据集合之间的线性相关程度。

语法:PEARSON(array1,array2)

参数:array1 为自变量集合,array2 为因变量集合。

实例:如果 A1=71、A2=83、A3=71、A4=49、A5=92、A6=88、B1=69、B2=80、B3=76、B4=40、B5=90、B6=81,则公式"=PEARSON(A1∶A6,B1∶B6)"返回 0.96229628。

53. PERCENTILE

用途:返回数值区域的 K 百分比数值点。例如确定考试排名在 80 个百分点以上的分数。

语法:PERCENTILE(array,k)

参数:array 为定义相对位置的数值数组或数值区域,k 为数组中需要得到其排位的值。

实例:如果某次考试成绩为 A1=71、A2=83、A3=71、A4=49、A5=92、A6=88,则公式"=PERCENTILE(A1∶A6,0.8)"返回 88,即考试排名要想在 80 个百分点以上,则分数至少应当为 88 分。

54. PERCENTRANK

用途:返回某个数值在一个数据集合中的百分比排位,可用于查看数据在数据集中所处的位置。例如计算某个分数在所有考试成绩中所处的位置。

语法:PERCENTRANK(array,x,significance)

参数:array 为彼此间相对位置确定的数据集合,x 为其中需要得到排位的值,significance 为可选项,表示返回的百分数值的有效位数。如果省略,函数 PERCENTRANK 保留 3 位小数。

实例:如果某次考试成绩为 A1=71、A2=83、A3=71、A4=49、A5=92、A6=88,则公

式"=PERCENTRANK(A1：A6,71)"的计算结果为0.2,即71分在6个分数中排20%。

55. PERMUT

用途:返回从给定数目的元素集合中选取的若干元素的排列数。

语法:PERMUT(number,number_chosen)

参数:number 为元素总数,number_chosen 是每个排列中的元素数目。

实例:如果某种彩票的号码有9个数,每个数的范围是从0到9(包括0和9)。则所有可能的排列数量用公式"=PERMUT(10,9)"计算,其结果为3628800。

56. POISSON

用途:返回泊松分布。泊松分布通常用于预测一段时间内事件发生的次数,比如一分钟内通过收费站的轿车的数量。

语法:POISSON(x,mean,cumulative)

参数:x 是某一事件出现的次数,mean 是期望值,cumulative 为确定返回的概率分布形式的逻辑值。

实例:公式"=POISSON(5,10,TRUE)"返回0.067085963,=POISSON(3,12,FALSE)返回0.001769533。

57. PROB

用途:返回一概率事件组中落在指定区域内的事件所对应的概率之和。

语法:PROB(x_range,prob_range,lower_limit,upper_limit)

参数:x_range 是具有各自相应概率值的 x 数值区域,prob_range 是与 x_range 中的数值相对应的一组概率值,lower_limit 是用于概率求和计算的数值下界,upper_limit 是用于概率求和计算的数值可选上界。

实例:公式"=PROB({0,1,2,3},{0.2,0.3,0.1,0.4},2)"返回0.1,=PROB({0,1,2,3},{0.2,0.3,0.1,0.4},1,3)返回0.8。

58. QUARTILE

用途:返回一组数据的四分位点。四分位数通常用于在考试成绩之类的数据集中对总体进行分组,如求出一组分数中前25%的分数。

语法:QUARTILE(array,quart)

参数:array 为需要求得四分位数值的数组或数字引用区域,quart 决定返回哪一个四分位值。如果 qurart 取 0、1、2、3 或 4,则函数 qUARTILE 返回最小值、第一个四分位数(第25个百分排位)、中分位数(第50个百分排位)、第三个四分位数(第75个百分排位)和最大数值。

实例:如果 A1=78、A2=45、A3=90、A4=12、A5=85,则公式"=QUARTILE(A1：A5,3)"返回85。

59. RANK

用途:返回一个数值在一组数值中的排位(如果数据清单已经排过序了,则数值的排位就是它当前的位置)。

语法:RANK(number,ref,order)

参数:number 是需要计算其排位的一个数字;ref 是包含一组数字的数组或引用(其中

的非数值型参数将被忽略);order 为一数字,指明排位的方式。如果 order 为 0 或省略,则按降序排列的数据清单进行排位。如果 order 不为零,ref 当作按升序排列的数据清单进行排位。

注意:函数 RANK 对重复数值的排位相同。但重复数的存在将影响后续数值的排位。如在一列整数中,若整数 60 出现两次,其排位为 5,则 61 的排位为 7(没有排位为 6 的数值)。

实例:如果 A1=78、A2=45、A3=90、A4=12、A5=85,则公式"=RANK(A1,$A$1:$A$5)"返回 5、8、2、10、4。

60. RSQ

用途:返回给定数据点的 Pearson 乘积矩相关系数的平方。

语法:RSQ(known_y's,known_x's)

参数:known_y's 为一个数组或数据区域,known_x's 也是一个数组或数据区域。

实例:公式"=RSQ({22,23,29,19,38,27,25},{16,15,19,17,15,14,34})"返回 0.013009334。

61. SKEW

用途:返回一个分布的不对称度。它反映以平均值为中心的分布的不对称程度,正不对称度表示不对称边的分布更趋向正值。负不对称度表示不对称边的分布更趋向负值。

语法:SKEW(number1,number2,…)。

参数:number1,number2…是需要计算不对称度的 1 到 30 个参数。包括逗号分隔的数值、单一数组和名称等。

实例:公式"=SKEW({22,23,29,19,38,27,25},{16,15,19,17,15,14,34})"返回 0.854631382。

62. SLOPE

用途:返回经过给定数据点的线性回归拟合线方程的斜率(它是直线上任意两点的垂直距离与水平距离的比值,也就是回归直线的变化率)。

语法:SLOPE(known_y's,known_x's)

参数:known_y's 为数字型因变量数组或单元格区域,known_x's 为自变量数据点集合。

实例:公式"=SLOPE({22,23,29,19,38,27,25},{16,15,19,17,15,14,34})"返回 −0.100680934。

63. SMALL

用途:返回数据集中第 k 个最小值,从而得到数据集中特定位置上的数值。

语法:SMALL(array,k)

参数:array 是需要找到第 k 个最小值的数组或数字型数据区域,k 为返回的数据在数组或数据区域里的位置(从小到大)。

实例:如果 A1=78、A2=45、A3=90、A4=12、A5=85,则公式"=SMALL(A1:A5,3)"返回 78。

64. STANDARDIZE

用途：返回以 mean 为平均值，以 standard—dev 为标准偏差的分布的正态化数值。

语法：STANDARDIZE(x,mean,standard_dev)

参数：x 需要进行正态化的数值，mean 分布的算术平均值，standard_dev 为分布的标准偏差。

实例：公式"=STANDARDIZE(62,60,10)"返回 0.2。

65. STDEV

用途：估算样本的标准偏差。它反映了数据相对于平均值(mean)的离散程度。

语法：STDEV(number1,number2,…)

参数：number1,number2,…为对应于总体样本的 1 到 30 个参数。可以使用逗号分隔的参数形式，也可使用数组，即对数组单元格的引用。

注意：STDEV 函数假设其参数是总体中的样本。如果数据是全部样本总体，则应该使用 STDEVP 函数计算标准偏差。同时，函数忽略参数中的逻辑值(TRUE 或 FALSE)和文本。如果不能忽略逻辑值和文本，应使用 STDEVA 函数。

实例：假设某次考试的成绩样本为 A1=78、A2=45、A3=90、A4=12、A5=85，则估算所有成绩标准偏差的公式为"=STDEV(A1：A5)"，其结果等于 33.00757489。

66. STDEVA

用途：计算基于给定样本的标准偏差。它与 STDEV 函数的区别是文本值和逻辑值(TRUE 或 FALSE)也将参与计算。

语法：STDEVA(value1,value2,…)

参数：value1,value2,…是作为总体样本的 1 到 30 个参数。可以使用逗号分隔参数的形式，也可以使用单一数组，即对数组单元格的引用。

实例：假设某次考试的部分成绩为 A1=78、A2=45、A3=90、A4=12、A5=85，则估算所有成绩标准偏差的公式为"=STDEVA(A1：A5)"，其结果等于 33.00757489。

67. STDEVP

用途：返回整个样本总体的标准偏差。它反映了样本总体相对于平均值(mean)的离散程度。

语法：STDEVP(number1,number2,…)

参数：number1,number2,…为对应于样本总体的 1 到 30 个参数。可以使用逗号分隔参数的形式，也可以使用单一数组，即对数组单元格的引用。

注意：STDEVP 函数在计算过程中忽略逻辑值(TRUE 或 FALSE)和文本。如果逻辑值和文本不能忽略，应当使用 STDEVPA 函数。

同时 STDEVP 函数假设其参数为整个样本总体。如果数据代表样本总体中的样本，应使用函数 STDEV 来计算标准偏差。当样本数较多时，STDEV 和 STDEVP 函数的计算结果相差很小。

实例：如果某次考试只有 5 名学生参加，成绩为 A1=78、A2=45、A3=90、A4=12、A5=85，则计算的所有成绩的标准偏差公式为"=STDEVP(A1：A5)"，返回的结果等于 29.52287249。

68. STDEVPA

用途：计算样本总体的标准偏差。它与 STDEVP 函数的区别是文本值和逻辑值(TRUE 或 FALSE)参与计算。

语法：STDEVPA(value1,value2,…)

参数：value1,value2,…作为样本总体的 1 到 30 个参数。可以使用逗号分隔参数的形式,也可以使用单一数组(即对数组单元格的引用)。

注意：STDEVPA 函数假设参数为样本总体。如果数据代表的是总体的部分样本,则必须使用 STDEVA 函数来估算标准偏差。

实例：如果某次考试只有 5 名学生参加,成绩为 A1＝78、A2＝45、A3＝90、A4＝12、A5＝85,则计算的所有成绩的标准偏差公式为"＝STDEVP(A1：A5)",返回的结果等于 29.52287249。

69. STEYX

用途：返回通过线性回归法计算 y 预测值时所产生的标准误差。标准误差用来度量根据单个 x 变量计算出的 y 预测值的误差量。

语法：STEYX(known_y's,known_x's)

参数：known_y's 为因变量数据点数组或区域,known_x's 为自变量数据点数组或区域。

实例：公式"＝STEYX({22,13,29,19,18,17,15},{16,25,11,17,25,14,17})"返回 4.251584755。

70. TDIST

用途：返回学生氏分布(t 分布)的百分点(概率),t 分布中的数值(x)是 t 的计算值(将计算其百分点)。t 分布用于小样本数据集合的假设检验,使用此函数可以代替 t 分布的临界值表。

语法：TDIST(x,degrees_freedom,tails)

参数：x 为需要计算分布的数字,degrees_freedom 为表示自由度的整数,tails 指明返回的分布函数是单尾分布还是双尾分布。如果 tails＝1,函数 TDIST 返回单尾分布。如果 tails＝2,函数 TDIST 返回双尾分布。

实例：公式"＝TDIST(60,2,1)"返回 0.000138831。

71. TINV

用途：返回作为概率和自由度函数的学生氏分布(t 分布)的 t 值。

语法：TINV(probability,degrees_freedom)

参数：probability 为对应于双尾学生氏分布(t 分布)的概率,degrees_freedom 为分布的自由度。

实例：公式"＝TINV(0.5,60)"返回 0.678600713。

72. TREND

用途：返回一条线性回归拟合线的一组纵坐标值(y 值)。即找到适合给定的数组 known_y's 和 known_x's 的直线(用最小二乘法),并返回指定数组 new_x's 值在直线上对应的 y 值。

语法:TREND(known_y's,known_x's,new_x's,const)

参数:known_y's 为已知关系 y=mx+b 中的 y 值集合,known_x's 为已知关系 y=mx+b 中可选的 x 值的集合,New_x's 为需要函数 TREND 返回对应 y 值的新 x 值,const 为逻辑值指明是否强制常数项 b 为 0。

73. TRIMMEAN

用途:返回数据集的内部平均值。TRIMMEAN 函数先从数据集的头部和尾部除去一定百分比的数据点,然后再求平均值。当希望在分析中剔除一部分数据的计算时,可以使用此函数。

语法:TRIMMEAN(array,percent)

参数:array 为需要进行筛选并求平均值的数组或数据区域,percent 为计算时所要除去的数据点的比例。如果 percent=0.2,则在 20 个数据中除去 4 个,即头部除去 2 个尾部除去 2 个。如果 percent=0.1,30 个数据点的 10% 等于 3 个数据点。函数 TRIMMEAN 将对称地在数据集的头部和尾部各除去一个数据。

实例:如果 A1=78、A2=45、A3=90、A4=12、A5=85,则公式"=TRIMMEAN(A1:A5,0.1)"返回 62。

74. TTEST

用途:返回与学生氏-t 检验相关的概率。它可以判断两个样本是否来自两个具有相同均值的总体。

语法:TTEST(array1,array2,tails,type)

参数:array1 是第一个数据集,array2 是第二个数据集,tails 指明分布曲线的尾数。如果 tails=1,TTEST 函数使用单尾分布。如果 tails=2,TTEST 函数使用双尾分布。type 为 t 检验的类型。如果 type 等于(1、2、3)检验方法(成对、等方差双样本检验、异方差双样本检验)

实例:公式"=TTEST({3,4,5,8,9,1,2,4,5},{6,19,3,2,14,4,5,17,1},2,1)"返回 0.196016。

75. VAR

用途:估算样本方差。

语法:VAR(number1,number2,…)

参数:number1,number2,…对应于与总体样本的 1 到 30 个参数。

实例:假设抽取某次考试中的 5 个分数,并将其作为随机样本,用 VAR 函数估算成绩方差,样本值为 A1=78、A2=45、A3=90、A4=12、A5=85,则公式"=VAR(A1:A5)"返回 1089.5。

76. VARA

用途:用来估算给定样本的方差。它与 VAR 函数的区别在于文本和逻辑值(TRUE 和 FALSE)也将参与计算。

语法:VARA(value1,value2,…)

参数:value1,value2,…作为总体的一个样本的 1 到 30 个参数。

实例:假设抽取某次考试中的 5 个分数,并将其作为随机样本,用 VAR 函数估算成绩方差,样本值为 A1=78、A2=45、A3=90、A4=12、A5=85,则公式"=VARA(A1：A5,TRUE)"返回 1491.766667。

77. VARP

用途:计算样本总体的方差。

语法:VARP(number1,number2,…)

参数:number1,number2,…为对应于样本总体的 1 到 30 个参数。其中的逻辑值(TRUE 和 FALSE)和文本将被忽略。

实例:如果某次补考只有 5 名学生参加,成绩为 A1=88、A2=55、A3=90、A4=72、A5=85,用 VARP 函数估算成绩方差,则公式"=VARP(A1：A5)"返回 214.5。

附录二：ERP 沙盘企业经营过程记录表

附录 A　企业经营过程记录表

起 始 年

企业经营流程	\multicolumn{5}{c}{每执行完一项操作，CEO请在相应的方格内打钩。}
新年度规划会议		■	■	■	■
参加订货会/登记销售订单		■	■	■	■
制定新年度计划		■	■	■	■
支付应付税		■	■	■	■
季初现金盘点（请填余额）					
更新短期贷款/还本付息/申请短期贷款（高利贷）					
更新应付款/归还应付款					
原材料入库/更新原料订单					
下原料订单					
更新生产/完工入库					
投资新生产线/变卖生产线/生产线转产					
向其他企业购买原材料/出售原材料					
开始下一批生产					
更新应收款/应收款收现					
出售厂房					
向其他企业购买成品/出售成品					
按订单交货					
产品研发投资					
支付行政管理费					
其他现金收支情况登记					
支付利息/更新长期贷款/申请长期贷款		■	■	■	■
支付设备维护费					
支付租金/购买厂房					
计提折旧					
新市场开拓/ISO资格认证投资		■	■	■	■
结账		■	■	■	■
现金收入合计					
现金支出合计					
期末现金对账（请填余额）					

订单登记表

订单号										合计
市场										
产品										
数量										
账期										
销售额										
成本										
毛利										
未售										

产品核算统计表

产品 / 项目	P1	P2	P3	P4	合计
数量					
销售额					
成本					
毛利					

综合管理费用明细表

单位:百万元

项 目	金 额	备 注
管理费		
广告费		
保养费		
租 金		
转产费		
市场准入开拓		□区域　□国内　□亚洲　□国际
ISO 资格认证		□ISO9000　　□ISO14000
产品研发		P2(　) P3(　) P4(　)
其 他		
合 计		

利 润 表

项　　目	上 年 数	本 年 数
销售收入	35	
直接成本	12	
毛利	23	
综合费用	11	
折旧前利润	12	
折旧	4	
支付利息前利润	8	
财务收入/支出	4	
其他收入/支出		
税前利润	4	
所得税	1	
净利润	3	

资产负债表

资　　产	期初数	期末数	负债和所有者权益	期初数	期末数
流动资产：			负债：		
现金	20		长期负债	40	
应收款	15		短期负债		
在制品	8		应付账款		
成品	6		应交税金	1	
原料	3		一年内到期的长期负债		
流动资产合计	52		负债合计	41	
固定资产：			所有者权益：		
土地和建筑	40		股东资本	50	
机器与设备	13		利润留存	11	
在建工程			年度净利	3	
固定资产合计	53		所有者权益合计	64	
资产总计	105		负债和所有者权益总计	105	

第 一 年

企业经营流程				
	每执行完一项操作，CEO请在相应的方格内打钩。			
新年度规划会议				
参加订货会/登记销售订单				
制定新年度计划				
支付应付税				
季初现金盘点（请填余额）				
更新短期贷款/还本付息/申请短期贷款（高利贷）				
更新应付款/归还应付款				
原材料入库/更新原料订单				
下原料订单				
更新生产/完工入库				
投资新生产线/变卖生产线/生产线转产				
向其他企业购买原材料/出售原材料				
开始下一批生产				
更新应收款/应收款收现				
出售厂房				
向其他企业购买成品/出售成品				
按订单交货				
产品研发投资				
支付行政管理费				
其他现金收支情况登记				
支付利息/更新长期贷款/申请长期贷款				
支付设备维护费				
支付租金/购买厂房				
计提折旧				
新市场开拓/ISO资格认证投资				
结账				
现金收入合计				
现金支出合计				
期末现金对账（请填余额）				

现金预算表

项目 \ 季度	1	2	3	4
期初库存现金				
支付上年应交税				
市场广告投入				
贴现费用				
利息（短期贷款）				
支付到期短期贷款				
原料采购支付现金				
转产费用				
生产线投资				
工人工资				
产品研发投资				
收到现金前的所有支出				
应收款到期				
支付管理费用				
利息（长期贷款）				
支付到期长期贷款				
设备维护费用				
租金				
购买新建筑				
市场开拓投资				
ISO认证投资				
其他				
库存现金余额				

要点记录

第一季度：＿＿＿＿＿＿＿＿＿＿＿＿＿＿＿＿＿＿＿＿＿＿＿＿＿＿＿＿＿＿＿＿

第二季度：＿＿＿＿＿＿＿＿＿＿＿＿＿＿＿＿＿＿＿＿＿＿＿＿＿＿＿＿＿＿＿＿

第三季度：＿＿＿＿＿＿＿＿＿＿＿＿＿＿＿＿＿＿＿＿＿＿＿＿＿＿＿＿＿＿＿＿

第四季度：＿＿＿＿＿＿＿＿＿＿＿＿＿＿＿＿＿＿＿＿＿＿＿＿＿＿＿＿＿＿＿＿

年底小结：＿＿＿＿＿＿＿＿＿＿＿＿＿＿＿＿＿＿＿＿＿＿＿＿＿＿＿＿＿＿＿＿

附录二：ERP沙盘企业经营过程记录表

订单登记表

订单号										合计
市场										
产品										
数量										
账期										
销售额										
成本										
毛利										
未售										

产品核算统计表

项目＼产品	P1	P2	P3	P4	合计
数量					
销售额					
成本					
毛利					

综合管理费用明细表

单位：百万元

项　目	金　额	备　注
管理费		
广告费		
保养费		
租　金		
转产费		
市场准入开拓		□区域　□国内　□亚洲　□国际
ISO资格认证		□ISO9000　　□ISO14000
产品研发		P2(　)　P3(　)　P4(　)
其　他		
合　计		

利 润 表

项　目	上 年 数	本 年 数
销售收入		
直接成本		
毛利		
综合费用		
折旧前利润		
折旧		
支付利息前利润		
财务收入/支出		
其他收入/支出		
税前利润		
所得税		
净利润		

资产负债表

资　产	期初数	期末数	负债和所有者权益	期初数	期末数
流动资产：			负债：		
现金			长期负债		
应收款			短期负债		
在制品			应付账款		
成品			应交税金		
原料			一年内到期的长期负债		
流动资产合计			负债合计		
固定资产：			所有者权益：		
土地和建筑			股东资本		
机器与设备			利润留存		
在建工程			年度净利		
固定资产合计			所有者权益合计		
资产总计			负债和所有者权益总计		

第 二 年

企业经营流程	每执行完一项操作,CEO请在相应的方格内打钩。			
新年度规划会议				
参加订货会/登记销售订单				
制定新年度计划				
支付应付税				
季初现金盘点(请填余额)				
更新短期贷款/还本付息/申请短期贷款(高利贷)				
更新应付款/归还应付款				
原材料入库/更新原料订单				
下原料订单				
更新生产/完工入库				
投资新生产线/变卖生产线/生产线转产				
向其他企业购买原材料/出售原材料				
开始下一批生产				
更新应收款/应收款收现				
出售厂房				
向其他企业购买成品/出售成品				
按订单交货				
产品研发投资				
支付行政管理费				
其他现金收支情况登记				
支付利息/更新长期贷款/申请长期贷款				
支付设备维护费				
支付租金/购买厂房				
计提折旧				
新市场开拓/ISO资格认证投资				
结账				
现金收入合计				
现金支出合计				
期末现金对账(请填余额)				

现金预算表

项目 \ 季度	1	2	3	4
期初库存现金				
支付上年应交税				
市场广告投入				
贴现费用				
利息（短期贷款）				
支付到期短期贷款				
原料采购支付现金				
转产费用				
生产线投资				
工人工资				
产品研发投资				
收到现金前的所有支出				
应收款到期				
支付管理费用				
利息（长期贷款）				
支付到期长期贷款				
设备维护费用				
租金				
购买新建筑				
市场开拓投资				
ISO 认证投资				
其他				
库存现金余额				

要点记录
第一季度：_____
第二季度：_____
第三季度：_____
第四季度：_____
年底小结：_____

订单登记表

订单号										合计
市场										
产品										
数量										
账期										
销售额										
成本										
毛利										
未售										

产品核算统计表

产品 / 项目	P1	P2	P3	P4	合计
数量					
销售额					
成本					
毛利					

综合管理费用明细表

单位:百万元

项 目	金 额	备 注
管理费		
广告费		
保养费		
租 金		
转产费		
市场准入开拓		□区域　□国内　□亚洲　□国际
ISO资格认证		□ISO9000　□ISO14000
产品研发		P2( )　P3( )　P4( )
其 他		
合 计		

利 润 表

项　　目	上 年 数	本 年 数
销售收入		
直接成本		
毛利		
综合费用		
折旧前利润		
折旧		
支付利息前利润		
财务收入/支出		
其他收入/支出		
税前利润		
所得税		
净利润		

资产负债表

资　　产	期初数	期末数	负债和所有者权益	期初数	期末数
流动资产：			负债：		
现金			长期负债		
应收款			短期负债		
在制品			应付账款		
成品			应交税金		
原料			一年内到期的长期负债		
流动资产合计			负债合计		
固定资产：			所有者权益：		
土地和建筑			股东资本		
机器与设备			利润留存		
在建工程			年度净利		
固定资产合计			所有者权益合计		
资产总计			负债和所有者权益总计		

第 三 年

企业经营流程	每执行完一项操作,CEO请在相应的方格内打钩。			
新年度规划会议				
参加订货会/登记销售订单				
制定新年度计划				
支付应付税				
季初现金盘点(请填余额)				
更新短期贷款/还本付息/申请短期贷款(高利贷)				
更新应付款/归还应付款				
原材料入库/更新原料订单				
下原料订单				
更新生产/完工入库				
投资新生产线/变卖生产线/生产线转产				
向其他企业购买原材料/出售原材料				
开始下一批生产				
更新应收款/应收款收现				
出售厂房				
向其他企业购买成品/出售成品				
按订单交货				
产品研发投资				
支付行政管理费				
其他现金收支情况登记				
支付利息/更新长期贷款/申请长期贷款				
支付设备维护费				
支付租金/购买厂房				
计提折旧				
新市场开拓/ISO资格认证投资				
结账				
现金收入合计				
现金支出合计				
期末现金对账(请填余额)				

现金预算表

项目 \ 季度	1	2	3	4
期初库存现金				
支付上年应交税				
市场广告投入				
贴现费用				
利息(短期贷款)				
支付到期短期贷款				
原料采购支付现金				
转产费用				
生产线投资				
工人工资				
产品研发投资				
收到现金前的所有支出				
应收款到期				
支付管理费用				
利息(长期贷款)				
支付到期长期贷款				
设备维护费用				
租金				
购买新建筑				
市场开拓投资				
ISO认证投资				
其他				
库存现金余额				

要点记录

第一季度：

第二季度：

第三季度：

第四季度：

年底小结：

订单登记表

订单号										合计
市场										
产品										
数量										
账期										
销售额										
成本										
毛利										
未售										

产品核算统计表

项目＼产品	P1	P2	P3	P4	合计
数量					
销售额					
成本					
毛利					

综合管理费用明细表

单位：百万元

项目	金额	备注
管理费		
广告费		
保养费		
租金		
转产费		
市场准入开拓		□区域　□国内　□亚洲　□国际
ISO资格认证		□ISO9000　　□ISO14000
产品研发		P2(　)　P3(　)　P4(　)
其他		
合计		

利 润 表

项 目	上 年 数	本 年 数
销售收入		
直接成本		
毛利		
综合费用		
折旧前利润		
折旧		
支付利息前利润		
财务收入/支出		
其他收入/支出		
税前利润		
所得税		
净利润		

资产负债表

资 产	期初数	期末数	负债和所有者权益	期初数	期末数
流动资产：			负债：		
现金			长期负债		
应收款			短期负债		
在制品			应付账款		
成品			应交税金		
原料			一年内到期的长期负债		
流动资产合计			负债合计		
固定资产：			所有者权益：		
土地和建筑			股东资本		
机器与设备			利润留存		
在建工程			年度净利		
固定资产合计			所有者权益合计		
资产总计			负债和所有者权益总计		

第 四 年

企业经营流程					
		每执行完一项操作，CEO请在相应的方格内打钩。			
新年度规划会议					
参加订货会/登记销售订单					
制定新年度计划					
支付应付税					
季初现金盘点（请填余额）					
更新短期贷款/还本付息/申请短期贷款（高利贷）					
更新应付款/归还应付款					
原材料入库/更新原料订单					
下原料订单					
更新生产/完工入库					
投资新生产线/变卖生产线/生产线转产					
向其他企业购买原材料/出售原材料					
开始下一批生产					
更新应收款/应收款收现					
出售厂房					
向其他企业购买成品/出售成品					
按订单交货					
产品研发投资					
支付行政管理费					
其他现金收支情况登记					
支付利息/更新长期贷款/申请长期贷款					
支付设备维护费					
支付租金/购买厂房					
计提折旧					
新市场开拓/ISO资格认证投资					
结账					
现金收入合计					
现金支出合计					
期末现金对账（请填余额）					

现金预算表

项目 \ 季度	1	2	3	4
期初库存现金				
支付上年应交税				
市场广告投入				
贴现费用				
利息(短期贷款)				
支付到期短期贷款				
原料采购支付现金				
转产费用				
生产线投资				
工人工资				
产品研发投资				
收到现金前的所有支出				
应收款到期				
支付管理费用				
利息(长期贷款)				
支付到期长期贷款				
设备维护费用				
租金				
购买新建筑				
市场开拓投资				
ISO 认证投资				
其他				
库存现金余额				

要点记录

第一季度：＿＿

第二季度：＿＿

第三季度：＿＿

第四季度：＿＿

年底小结：＿＿

订单登记表

订单号									合计
市场									
产品									
数量									
账期									
销售额									
成本									
毛利									
未售									

产品核算统计表

项目 \ 产品	P1	P2	P3	P4	合计
数量					
销售额					
成本					
毛利					

综合管理费用明细表

单位：百万元

项　目	金　额	备　注
管理费		
广告费		
保养费		
租　金		
转产费		
市场准入开拓		□区域　　□国内　　□亚洲　　□国际
ISO 资格认证		□ISO9000　　□ISO14000
产品研发		P2(　　)　P3(　　)　P4(　　)
其　他		
合　计		

利 润 表

项　　目	上 年 数	本 年 数
销售收入		
直接成本		
毛利		
综合费用		
折旧前利润		
折旧		
支付利息前利润		
财务收入/支出		
其他收入/支出		
税前利润		
所得税		
净利润		

资产负债表

资　　产	期初数	期末数	负债和所有者权益	期初数	期末数
流动资产：			负债：		
现金			长期负债		
应收款			短期负债		
在制品			应付账款		
成品			应交税金		
原料			一年内到期的长期负债		
流动资产合计			负债合计		
固定资产：			所有者权益：		
土地和建筑			股东资本		
机器与设备			利润留存		
在建工程			年度净利		
固定资产合计			所有者权益合计		
资产总计			负债和所有者权益总计		

第 五 年

企业经营流程					
		每执行完一项操作,CEO请在相应的方格内打钩。			
新年度规划会议					
参加订货会/登记销售订单					
制定新年度计划					
支付应付税					
季初现金盘点(请填余额)					
更新短期贷款/还本付息/申请短期贷款(高利贷)					
更新应付款/归还应付款					
原材料入库/更新原料订单					
下原料订单					
更新生产/完工入库					
投资新生产线/变卖生产线/生产线转产					
向其他企业购买原材料/出售原材料					
开始下一批生产					
更新应收款/应收款收现					
出售厂房					
向其他企业购买成品/出售成品					
按订单交货					
产品研发投资					
支付行政管理费					
其他现金收支情况登记					
支付利息/更新长期贷款/申请长期贷款					
支付设备维护费					
支付租金/购买厂房					
计提折旧					
新市场开拓/ISO资格认证投资					
结账					
现金收入合计					
现金支出合计					
期末现金对账(请填余额)					

现金预算表

项目 \ 季度	1	2	3	4
期初库存现金				
支付上年应交税				
市场广告投入				
贴现费用				
利息(短期贷款)				
支付到期短期贷款				
原料采购支付现金				
转产费用				
生产线投资				
工人工资				
产品研发投资				
收到现金前的所有支出				
应收款到期				
支付管理费用				
利息(长期贷款)				
支付到期长期贷款				
设备维护费用、				
租金				
购买新建筑				
市场开拓投资				
ISO认证投资				
其他				
库存现金余额				

要点记录

第一季度：_____

第二季度：_____

第三季度：_____

第四季度：_____

年底小结：_____

订单登记表

订单号									合计
市场									
产品									
数量									
账期									
销售额									
成本									
毛利									
未售									

产品核算统计表

项目 \ 产品	P1	P2	P3	P4	合计
数量					
销售额					
成本					
毛利					

综合管理费用明细表

单位:百万元

项 目	金 额	备 注
管理费		
广告费		
保养费		
租 金		
转产费		
市场准入开拓		□区域 □国内 □亚洲 □国际
ISO 资格认证		□ISO9000 □ISO14000
产品研发		P2(　) P3(　) P4(　)
其 他		
合 计		

利 润 表

项　　目	上 年 数	本 年 数
销售收入		
直接成本		
毛利		
综合费用		
折旧前利润		
折旧		
支付利息前利润		
财务收入/支出		
其他收入/支出		
税前利润		
所得税		
净利润		

资产负债表

资　　产	期初数	期末数	负债和所有者权益	期初数	期末数
流动资产：			负债：		
现金			长期负债		
应收款			短期负债		
在制品			应付账款		
成品			应交税金		
原料			一年内到期的长期负债		
流动资产合计			负债合计		
固定资产：			所有者权益：		
土地和建筑			股东资本		
机器与设备			利润留存		
在建工程			年度净利		
固定资产合计			所有者权益合计		
资产总计			负债和所有者权益总计		

第 六 年

企业经营流程	每执行完一项操作，CEO请在相应的方格内打钩。			
新年度规划会议				
参加订货会/登记销售订单				
制定新年度计划				
支付应付税				
季初现金盘点（请填余额）				
更新短期贷款/还本付息/申请短期贷款（高利贷）				
更新应付款/归还应付款				
原材料入库/更新原料订单				
下原料订单				
更新生产/完工入库				
投资新生产线/变卖生产线/生产线转产				
向其他企业购买原材料/出售原材料				
开始下一批生产				
更新应收款/应收款收现				
出售厂房				
向其他企业购买成品/出售成品				
按订单交货				
产品研发投资				
支付行政管理费				
其他现金收支情况登记				
支付利息/更新长期贷款/申请长期贷款				
支付设备维护费				
支付租金/购买厂房				
计提折旧				
新市场开拓/ISO资格认证投资				
结账				
现金收入合计				
现金支出合计				
期末现金对账（请填余额）				

现金预算表

项目＼季度	1	2	3	4
期初库存现金				
支付上年应交税				
市场广告投入				
贴现费用				
利息（短期贷款）				
支付到期短期贷款				
原料采购支付现金				
转产费用				
生产线投资				
工人工资				
产品研发投资				
收到现金前的所有支出				
应收款到期				
支付管理费用				
利息（长期贷款）				
支付到期长期贷款				
设备维护费用				
租金				
购买新建筑				
市场开拓投资				
ISO 认证投资				
其他				
库存现金余额				

要点记录

第一季度：_____

第二季度：_____

第三季度：_____

第四季度：_____

年底小结：_____

订单登记表

订单号										合计
市场										
产品										
数量										
账期										
销售额										
成本										
毛利										
未售										

产品核算统计表

产品 / 项目	P1	P2	P3	P4	合计
数量					
销售额					
成本					
毛利					

综合管理费用明细表

单位：百万元

项 目	金 额	备 注
管理费		
广告费		
保养费		
租金		
转产费		
市场准入开拓		□区域　□国内　□亚洲　□国际
ISO 资格认证		□ISO9000　　□ISO14000
产品研发		P2(　　)　P3(　　)　P4(　　)
其 他		
合 计		

利 润 表

项　　目	上 年 数	本 年 数
销售收入		
直接成本		
毛利		
综合费用		
折旧前利润		
折旧		
支付利息前利润		
财务收入/支出		
其他收入/支出		
税前利润		
所得税		
净利润		

资产负债表

资　　产	期初数	期末数	负债和所有者权益	期初数	期末数
流动资产：			负债：		
现金			长期负债		
应收款			短期负债		
在制品			应付账款		
成品			应交税金		
原料			一年内到期的长期负债		
流动资产合计			负债合计		
固定资产：			所有者权益：		
土地和建筑			股东资本		
机器与设备			利润留存		
在建工程			年度净利		
固定资产合计			所有者权益合计		
资产总计			负债和所有者权益总计		

附录 B 生产计划及采购计划

生产计划及采购计划编制举例

<table>
<tr><th colspan="2" rowspan="2">生产线</th><th colspan="4">第 1 年</th><th colspan="4">第 2 年</th><th colspan="4">第 3 年</th></tr>
<tr><th>一季度</th><th>二季度</th><th>三季度</th><th>四季度</th><th>一季度</th><th>二季度</th><th>三季度</th><th>四季度</th><th>一季度</th><th>二季度</th><th>三季度</th><th>四季度</th></tr>
<tr><td rowspan="2">1 手工</td><td>产品</td><td></td><td></td><td></td><td></td><td></td><td></td><td></td><td></td><td></td><td></td><td></td><td></td></tr>
<tr><td>材料</td><td></td><td></td><td></td><td></td><td></td><td></td><td></td><td></td><td></td><td></td><td></td><td></td></tr>
<tr><td rowspan="2">2 手工</td><td>产品</td><td></td><td></td><td></td><td></td><td></td><td></td><td></td><td></td><td></td><td></td><td></td><td></td></tr>
<tr><td>材料</td><td></td><td></td><td></td><td></td><td></td><td></td><td></td><td></td><td></td><td></td><td></td><td></td></tr>
<tr><td rowspan="2">3 手工</td><td>产品</td><td></td><td></td><td></td><td></td><td></td><td></td><td></td><td></td><td></td><td></td><td></td><td></td></tr>
<tr><td>材料</td><td></td><td></td><td></td><td></td><td></td><td></td><td></td><td></td><td></td><td></td><td></td><td></td></tr>
<tr><td rowspan="2">4 半自动</td><td>产品</td><td></td><td></td><td></td><td></td><td></td><td></td><td></td><td></td><td></td><td></td><td></td><td></td></tr>
<tr><td>材料</td><td></td><td></td><td></td><td></td><td></td><td></td><td></td><td></td><td></td><td></td><td></td><td></td></tr>
<tr><td rowspan="2">5</td><td>产品</td><td></td><td></td><td></td><td></td><td></td><td></td><td></td><td></td><td></td><td></td><td></td><td></td></tr>
<tr><td>材料</td><td></td><td></td><td></td><td></td><td></td><td></td><td></td><td></td><td></td><td></td><td></td><td></td></tr>
<tr><td rowspan="2">……</td><td>产品</td><td></td><td></td><td></td><td></td><td></td><td></td><td></td><td></td><td></td><td></td><td></td><td></td></tr>
<tr><td>材料</td><td></td><td></td><td></td><td></td><td></td><td></td><td></td><td></td><td></td><td></td><td></td><td></td></tr>
<tr><td rowspan="2">合计</td><td>产品</td><td></td><td></td><td></td><td></td><td></td><td></td><td></td><td></td><td></td><td></td><td></td><td></td></tr>
<tr><td>材料</td><td></td><td></td><td></td><td></td><td></td><td></td><td></td><td></td><td></td><td></td><td></td><td></td></tr>
</table>

生产计划及采购计划编制（1～3年）

生产线		第1年				第2年				第3年			
		一季度	二季度	三季度	四季度	一季度	二季度	三季度	四季度	一季度	二季度	三季度	四季度
1	产品												
	材料												
2	产品												
	材料												
3	产品												
	材料												
4	产品												
	材料												
5	产品												
	材料												
6	产品												
	材料												
7	产品												
	材料												
8	产品												
	材料												
合计	产品												
	材料												

生产计划及采购计划编制（4~6年）

生产线		第4年				第5年				第6年			
		一季度	二季度	三季度	四季度	一季度	二季度	三季度	四季度	一季度	二季度	三季度	四季度
1	产品												
	材料												
2	产品												
	材料												
3	产品												
	材料												
4	产品												
	材料												
5	产品												
	材料												
6	产品												
	材料												
7	产品												
	材料												
8	产品												
	材料												
合计	产品												
	材料												

附录 C　开工计划

产品	第 1 年				第 2 年				第 3 年			
	一季度	二季度	三季度	四季度	一季度	二季度	三季度	四季度	一季度	二季度	三季度	四季度
P1												
P2												
P3												
P4												
人工付款												

产品	第 4 年				第 5 年				第 6 年			
	一季度	二季度	三季度	四季度	一季度	二季度	三季度	四季度	一季度	二季度	三季度	四季度
P1												
P2												
P3												
P4												
人工付款												

产品	第 7 年				第 8 年				第 9 年			
	一季度	二季度	三季度	四季度	一季度	二季度	三季度	四季度	一季度	二季度	三季度	四季度
P1												
P2												
P3												
P4												
人工付款												

附录 D 采购及材料付款计划

产品	第 1 年				第 2 年				第 3 年			
	一季度	二季度	三季度	四季度	一季度	二季度	三季度	四季度	一季度	二季度	三季度	四季度
R1												
R2												
R3												
R4												
人工付款												

产品	第 4 年				第 5 年				第 6 年			
	一季度	二季度	三季度	四季度	一季度	二季度	三季度	四季度	一季度	二季度	三季度	四季度
R1												
R2												
R3												
R4												
人工付款												

产品	第 7 年				第 8 年				第 9 年			
	一季度	二季度	三季度	四季度	一季度	二季度	三季度	四季度	一季度	二季度	三季度	四季度
R1												
R2												
R3												
R4												
人工付款												

参考文献

[1] 王其文,向重伦,陈宝福,等.经济管理计算机基础教程:下册[M].北京:高等教育出版社,2000.

[2] 王兴德.现代管理决策的计算机方法[M].北京:中国财政经济出版社,1999.

[3] 蔡剑,张宇,李东.企业绩效管理[M].北京:清华大学出版社,2007.

[4] 吴维库,刘冀生.计算机模拟教学法引入企业经营战略管理课[J].学位与研究生教育,1998(1):31-32.

[5] 李玮.情景模拟教学法对管理学教学的启示[J].教育探索,2008(7):63-64.

[6] 姚茜,陈雪梅,崔冀娜.BUSIMU网络版软件应用于"企业战略管理"课程实验教学中的思考[J].湖北成人教育学院学报,2010,16(4):124-125.

[7] Stephen J, Parente D H, Brown R C. Seeing the Forest and the Trees: Balancing Functional and Integrative Knowledge Using Large Scale Simulations in Capstone Business Strategy Classes[J]. Journal of Management Education, 2002, 26(2): 164-193.

[8] Emre Hatipoglu, Meltem Müftüler-Bac, Teri Murphy. Simulation Games in Teaching International Relations: Insights from a Multi-Day, Multi-Stage, Multi-Issue Simulation on Cyprus[J]. International Studies Perspectives, 2013, 15(4): 394-406.

[9] Tal Ben-Zvi. The Efficacy of Business Simulation Games in Creating Decision Support Systems: An Experimental Investigation[J]. Decision Support Systems, 2010, 49(1): 61-69.

[10] 翟卫东.高校商科类综合模拟实验教学E模式设计[J].人力资源开发,2012(2):89-91.

[11] Burns A C, Gentry J W. Computer Simulation Games in Marketing: Past, Present, and Future[J]. Marketing Education Review, 1992, 2(1):3-13.

[12] Brooks B W, Burson T E, Rudd D V. Addressing Current Research Gaps and Directions in Educational Marketing Simulations [J]. Journal for Advancement of Marketing Education, 2006(9):43-49.

[13] Ernest R Cadotte, Christelle Macguire. A Pedagogy to Enhance the Value of Simulations in the Classroom[J]. Journal for Advancement of Marketing Education, 2013, 21(2):38-40.

[14] 姜雪松,毛元青.商科院校ERP沙盘模拟实践教学探讨[J].经济研究导刊,2012,23:277-278.

本教材受到三江学院2016年教改项目:ERP沙盘经营决策模拟教程(J16087)资助